# DAS GEBETBUCH

# ZER HEILIGEN

# STUNDE

## "KÖNNTEST DU NICHT ZUSCHAUEN, EINE STUNDE MIT MIR?"

### MEDITATIONEN UND REFLEXIONEN

# FULTON J. SHEEN

Bischof Sheen heute

280 John Straße

Midland, Ontario, Kanada, L4R 2J5

www.bishopsheentoday.com


Lektorat und Formatierung des Buches von Ajayi Isaac

mailto:smeplegacy@gmail.com/ +2348162435897

Covergestaltung von Janika Barman

www.twitter.com/barman_janika


Auf dem Umschlag: Bild der Heiligen Hostie in der Monstranz, die während der eucharistischen Anbetung auf dem Hauptaltar der Kathedrale St. Mary of the Immaculate Conception in Peoria, Illinois, aufgestellt wurde. (Mit freundlicher Genehmigung von Phillip Lee) www.cdop.org

Library of Congress Katalogisierung-in-Publikationsdaten

Namen: Sheen, Fulton J. (Fulton John), 1895-1979, Autor. | Smith, Allan J., Herausgeber.

Sheen, Fulton J. (Fulton John), 1895-1979. Die Heilige Stunde: Lesung und Gebete für eine tägliche Stunde der Meditation. Vorbereitet für den Nationalen Rat der katholischen Männer. Huntington, IN: Unser Sonntagsbesucher, (1946)

Die Rüstung Gottes: Reflexionen und Gebete für Kriegszeiten. Eingetragen auf den Namen von P. J. Kenedy and Sons unter der Katalogkartennummer des Library Congress: A 174944, nach Veröffentlichung am 15. Juli 1943

Smith, Al (Allan J.) Herausgeber – Lord Teach us to Pray: Eine Fulton Sheen Anthologie. Manchester, New Hampshire: Sophia Institute Press, 2019, ISBN 9781644130834.

Titel: Das Gebetbuch zer Heiligen Stunde. "Könntest du nicht eine Stunde mit mir schauen?" Meditationen und Reflexionen von Fulton J. Sheen.

Fulton J. Sheen; zusammengestellt von Allan J. Smith.

Beschreibung: Midland, Ontario: Bischof Sheen heute, 2021

Bezeichner:

ISBN: 978-1-998229-63-5 (Taschenbuch)

ISBN: 978-1-998229-70-3 (eBook)

ISBN: 978-1-998229-54-3 (gebundene Ausgabe)

Enthält bibliographische Hinweise.

Themen: Jesus Christus — Die Heilige Stunde — Gebet und Meditation

ENGAGIERT FÜR

UNSERE LIEBE FRAU SITZ DER WEISHEIT


IN DEMÜTIGER PETITION

DASS DURCH DEINE

MAKELLOSES HERZ

DIE WELT MAG FINDEN

SEIN WEG ZURÜCK NACH

DAS HEILIGE HERZ VON

DEIN GÖTTLICHER SOHN


Ad maiorem Dei gloriam

Inque Hominum Salutem

# Inhaltsverzeichnis

WARUM EINE HEILIGE STUNDE MACHEN?......1

WIE MAN DIE HEILIGE STUNDE MACHT.........11

ERSTE MEDITATION - DIE MENSCHWERDUNG UNSERES HERRN UND ERLÖSERS JESUS CHRISTUS.........19

Die Buße und das Bekenntnis Davids nach seiner Sünde....27

ZWEITE MEDITATION - WIE CHRISTUS HEUTE IN UNS LEBT.........31

Die unterschiedlichen Wirkungen von Natur und Gnade...39

DRITTE MEDITATION - WIE DIESES GÖTTLICHE LEBEN VERLOREN GEHT UND UNSER ENDGÜLTIGES ENDE.........46

Über den Gedanken an den eigenen Tod.........56

VIERTE MEDITATION - DIE PFLICHT ZUR SELBSTVERLEUGNUNG.........63

Vom Gericht und der Bestrafung der Sünder.........71

über die Entschlossenheit, unser ganzes Leben zu ändern..75

## FÜNFTE MEDITATION - GOTT IN DER WELT DIE EHRE GEBEN .................................................. 78

## SECHSTE MEDITATION - DIE EUCHARISTIE, DAS BEDÜRFNIS UNSERES HERZENS ............... 99

Die fromme Seele sollte sich von ganzem Herzen nach der Vereinigung mit Christus im Sakrament sehnen ................. 110

## SIEBTE MEDITATION - UNSERE GOTTESMUTTER .................................................. 113

Salve Regina ................................................. 129

Ave Maria ................................................. 129

Litanei der Heiligen Jungfrau Maria ................................. 130

## GEBETE DER MEDITATION
## UND DES FLEHENS

Christus für eine treue Seele ................................. 139

Gebet, dem Beispiel Jesu Christi nachzufolgen .......... 141

Gebet gegen böse Gedanken ................................. 142

Gebet für die Erleuchtung des Geistes ..................... 144

Gebet für Nächstenliebe und Toleranz ..................... 146

Ein universelles Gebet ...................................... 148

Ein Gebet der Kirche ...................................... 152

Gebet des hl. Ignatius ...................................... 153

BESTÄTIGUNGEN ...................................... 157

ÜBER DEN AUTOR ...................................... 161

# WARUM EINE HEILIGE

# STUNDE MACHEN?

Der Zweck dieser Meditationen ist es, den Seelen zu helfen, einen inneren Frieden zu erlangen, indem sie eine Stunde am Tag ununterbrochen über Gott und unser unsterbliches Schicksal meditieren. Ob man diese Meditationen anwendet oder nicht, spielt dabei keine Rolle. Einige Juden, einige Protestanten und einige Katholiken mögen es sehr unbefriedigend finden. Wenn sie diese aber ablehnen, weil sie die Heilige Stunde auf ihre Weise gestalten wollen, dann haben sie ihren Zweck erreicht. Das Entscheidende ist nicht, dass diese Meditationen gebraucht werden, sondern dass es Meditation gibt.

Aber warum sollte man eine Stunde am Tag in Meditation verbringen? Weil wir auf der Oberfläche unserer Seele leben und wenig von Gott oder unserem inneren Selbst wissen. Unser Wissen dreht sich hauptsächlich um Dinge, nicht um Schicksal. Die meisten unserer Schwierigkeiten und Enttäuschungen im Leben sind auf Fehler in unserer

Lebensplanung zurückzuführen. Da wir den Sinn des Lebens vergessen haben, haben wir sogar am Wert des Lebens gezweifelt. Ein gebrochener Knochen verursacht Schmerzen, weil er nicht dort ist, wo er sein sollte; unsere Seelen leiden, weil wir uns nicht um die Fülle des Lebens, der Wahrheit und der Liebe kümmern, die Gott ist.

Aber warum eine Heilige Stunde machen? Hier sind zehn Gründe.

(1) Weil es die Zeit ist, die in der Gegenwart unseres Herrn selbst verbracht wird. Wenn der Glaube lebendig ist, braucht es keinen weiteren Grund.

2. Weil es in unserem geschäftigen Leben eine beträchtliche Zeit braucht, um die "Mittagsteufel" abzuschütteln, die weltlichen Sorgen, die wie Staub an unseren Seelen haften. Eine Stunde mit unserem Herrn folgt der Erfahrung der Jünger auf dem Weg nach Emmaus (Lukas 24,13-35). Wir beginnen damit, mit unserem Herrn zu wandeln, aber unsere Augen sind ›festgehalten‹, damit wir ihn nicht ›erkennen‹«. Als nächstes spricht er mit unserer Seele, während wir die Heilige Schrift lesen. Die dritte Phase ist eine der süßen Intimität, etwa als "er sich mit ihnen zu Tisch setzte". Die vierte Stufe ist die volle Morgendämmerung des

2

Geheimnisses der Eucharistie. Unsere Augen werden "geöffnet" und wir erkennen Ihn. Schließlich erreichen wir den Punkt, an dem wir nicht mehr gehen wollen. Die Stunde schien so kurz zu sein. Während wir aufstehen, fragen wir:

Brannte nicht unser Herz in uns, als er unterwegs zu uns sprach und uns die Schrift klar machte? (Lukas 24:32)

(3) Weil unser Herr darum gebeten hat.

Hattest du denn nicht die Kraft, auch nur eine Stunde mit mir zu wachen? (Matthäus 26:40)

Das Wort war an Petrus adressiert, aber er wird als Simon bezeichnet. Es ist unsere Simon-Natur, die die Stunde braucht. Wenn die Stunde hart erscheint, dann deshalb, weil... Der Geist ist willig genug, aber das Fleisch ist schwach. (Markus 14:39)

(4) Weil die Heilige Stunde ein Gleichgewicht zwischen dem Geistlichen und dem Praktischen wahrt. Westliche Philosophien neigen zu einem Aktivismus, in dem Gott nichts tut und der Mensch alles; die östlichen Philosophien neigen zu einem Quietismus, in dem Gott alles tut und der Mensch nichts. Die goldene Mitte findet sich in den Worten des heiligen Thomas: »Handlung folgt der Ruhe«, Martha, die mit

Maria geht. Die Heilige Stunde verbindet das Kontemplative mit dem aktiven Leben des Menschen.

Dank der Stunde mit dem Herrn gehen unsere Meditationen und Vorsätze vom Bewusstsein in das Unterbewusstsein über und werden dann zu Motiven des Handelns. Ein neuer Geist beginnt unsere Arbeit zu durchdringen. Die Wandlung wird von unserem Herrn bewirkt, der unser Herz erfüllt und durch unsere Hände wirkt. Der Mensch kann nur das geben, was er besitzt. Um Christus den anderen zu geben, muss man ihn besitzen.

(5) Weil die Heilige Stunde uns dazu bringen wird, das zu tun, was wir predigen.

Hier ist ein Bild des Himmelreiches, sagte er; Es war einmal ein König, der hielt ein Hochzeitsmahl für seinen Sohn und sandte seine Diener aus mit einer Vorladung an alle, die er zur Hochzeit eingeladen hatte; aber sie wollten nicht kommen. (Matthäus 22:2, 3)

Von unserem Herrn steht geschrieben, dass er "auszog, zu tun und zu lehren" (Apg 1,1). Derjenige, der die Heilige Stunde praktiziert, wird feststellen, dass die Menschen, wenn er lehrt, von ihm wie vom Herrn sagen werden:

Alle... waren erstaunt über die liebenswürdigen Worte, die aus seinem Munde kamen. (Lukas 4,22)

(6) Denn die Heilige Stunde hilft uns, sowohl für die Sünden der Welt als auch für unsere eigenen Sünden Sühne zu leisten. Als das Heiligste Herz der heiligen Margareta Maria erschien, war es sein Herz und nicht sein Haupt, das mit Dornen gekrönt war. Es war die Liebe, die verletzt wurde. Schwarze Messen, frevelhafte Gemeinschaften, Skandale, militanter Atheismus – wer wird das wieder gutmachen? Wer wird ein Abraham für Sodom sein, eine Maria für die, die keinen Wein haben? Die Sünden der Welt sind unsere Sünden, als ob wir sie begangen hätten. Wenn sie Unserem Herrn den Blutschweiß ins Schwitzen brachten, bis zu dem Punkt, dass Er Seine Jünger dafür tadelte, dass sie keine Stunde bei Ihm blieben, sollen wir mit Kain fragen:

Ist es meine Aufgabe, über meinen Bruder zu wachen?

(1. Mose 4:9)

(7) Weil es unsere Anfälligkeit für Versuchungen und Schwäche verringert. Sich im Allerheiligsten Sakrament vor unserem Herrn zu präsentieren, ist so, als würde man einen Tuberkulosekranken in gute Luft und Sonnenlicht setzen. Der

Virus unserer Sünden kann angesichts des Lichts der Welt nicht lange existieren.

Immer kann ich den Herrn in Sichtweite halten; Er ist immer zu meiner Rechten, um mich standhaft zu halten. (Psalm 15,8)

Unsere sündigen Impulse werden daran gehindert, durch die Barriere aufzusteigen, die jeden Tag von der Heiligen Stunde errichtet wird. Unser Wille wird mit wenig bewusster Anstrengung unsererseits zum Guten geneigt. Satan, der brüllende Löwe, durfte seine Hand nicht ausstrecken, um den gerechten Hiob zu berühren, bis er die Erlaubnis erhielt (Hiob 1,12). Gewiss wird der Herr dem, der wacht, einen schweren Fall vorenthalten (1. Korinther 10,13). Mit vollem Vertrauen in seinen eucharistischen Herrn wird der Mensch eine geistliche Widerstandsfähigkeit haben. Er wird nach einem Sturz schnell wieder auf die Beine kommen: Ich falle, es ist nur wieder aufzuerstehen, setze ich in der Finsternis, der Herr wird mein Licht sein. Des Herrn Mißfallen muß ich ertragen, ich, die ich gegen ihn gesündigt habe, bis er endlich meine Bitte anerkennt und Wiedergutmachung gewährt. (Micha 7:8, 9)

Der Herr wird auch den Schwächsten von uns wohlgesonnen sein, wenn er uns in Anbetung zu seinen Füßen findet und uns bereit macht, göttliche Gnaden zu empfangen. Kaum hatte sich Saulus von Tarsus, der Verfolger, vor seinem Schöpfer gedemütigt, sandte Gott einen besonderen Boten zu seiner Hilfe und sagte ihm, dass er »schon jetzt bei seinem Gebet ist« (Apg 9,11). Auch der Gefallene kann Beruhigung erwarten, wenn er wacht und betet.

Sie werden zunehmen, die bisher geschrumpft sind, werden erhöht werden, die einst erniedrigt wurden. (Jer 30:19, 20)

8) Da die Heilige Stunde ein persönliches Gebet ist, ist der Mensch, der sich streng auf seine amtliche Pflicht beschränkt, wie der Gewerkschafter, der in dem Augenblick, in dem der Pfiff ertönt, die Werkzeuge niederlegt. Die Liebe beginnt, wenn die Pflicht endet. Es ist ein Hingeben des Mantels, wenn der Mantel genommen wird. Es geht darum, die Extrameile zu gehen.

Die Antwort wird kommen, ehe ein Hilferuf ausgestoßen wird; Das Gebet findet Gehör, solange es noch auf ihren Lippen ist. (Jesaja 65:24)

Natürlich müssen wir keine Heilige Stunde machen – und das ist eben der Punkt. Liebe wird nie erzwungen, außer in der Hölle. Dort muss sich die Liebe der Gerechtigkeit unterwerfen. Gezwungen zu sein, zu lieben, wäre eine Art Hölle. Kein Mann, der eine Frau liebt, ist verpflichtet, ihr einen Verlobungsring zu schenken, und keine Person, die das Heiligste Herz liebt, muss jemals eine Verlobungsstunde geben.

»Würdest du auch fortgehen?« (Johannes 6,68) ist schwache Liebe; »Schläfst du?« (Markus 14,37) ist verantwortungslose Liebe; "Er hatte große Besitztümer" (Matthäus 19,22; Markus 10,22) ist selbstsüchtige Liebe. Aber hat der Mensch, der seinen Herrn liebt, Zeit für andere Tätigkeiten, bevor er Taten der Liebe vollbringt, die "über den Ruf der Pflicht hinausgehen"? Liebt der Patient den Arzt, der für jeden Anruf Gebühren erhebt, oder beginnt er zu lieben, wenn der Arzt sagt: "Ich bin gerade vorbeigekommen, um zu sehen, wie es Ihnen geht"?

(9) Meditation hält uns davon ab, eine äußere Flucht aus unseren Sorgen und Nöten zu suchen. Wenn Schwierigkeiten auftauchen, wenn die Nerven durch falsche Anschuldigungen angespannt werden, besteht immer die Gefahr, dass wir, wie

es die Israeliten taten, nach außen schauen, um Befreiung zu finden.

Von Gott, dem Herrn, dem Heiligen Israels, ist euch das Wort gegeben worden: Kehrt zurück und schweigt, und alles wird euch gut gehen. In der Stille und im Vertrauen liegt deine Stärke. Aber du würdest nichts davon haben; Auf das Pferd! Du hast geweint, wir müssen fliehen! und fliehst du; Wir müssen schnell reiten, sagtest du, aber noch schneller reiten deine Verfolger. (Jesaja 30:15, 16)

Keine Flucht nach außen, weder Vergnügen, noch Trinken, Freunde oder Beschäftigung sind eine Antwort. Die Seele kann nicht "auf einem Pferd fliegen"; Er muss "Flügel" an einen Ort bringen, an dem sein "Leben verborgen ist... mit Christus in Gott« (Kol 3,3).

(10) Schließlich, weil die Heilige Stunde für die Kirche notwendig ist. Niemand kann das Alte Testament lesen, ohne sich der Gegenwart Gottes in der Geschichte bewusst zu werden. Wie oft hat Gott andere Nationen benutzt, um Israel für seine Sünden zu bestrafen! Er machte Assyrien zur "Rute, die meine Rache ausführt" (Jes 10,5). Die Geschichte der Welt seit der Menschwerdung ist der Kreuzweg. Der Aufstieg der Nationen und ihr Untergang bleiben mit dem Reich Gottes

verbunden. Wir können das Geheimnis der Herrschaft Gottes nicht verstehen, denn es ist das »versiegelte Buch« der Apokalypse. Johannes weinte, als er es sah (Offb. 5,4). Er konnte nicht begreifen, warum dieser Augenblick des Wohlstands und diese Stunde des Unglücks gekommen waren.

Die einzige Voraussetzung ist das Wagnis des Glaubens, und die Belohnung ist die Tiefe der Vertrautheit für diejenigen, die Seine Freundschaft pflegen. Bei Christus zu bleiben ist geistliche Gemeinschaft, wie er in der feierlichen und heiligen Nacht des Letzten Abendmahls betonte, dem Augenblick, den er auswählte, uns die Eucharistie zu schenken:

Du brauchst nur in mir weiterzuleben, und ich werde in dir weiterleben. (Johannes 15:4)

Er will, dass wir in seiner Wohnung sind, damit auch ihr dort seid, wo ich bin. (Johannes 14,3)

# WIE MAN DIE HEILIGE
# STUNDE MACHT

"Nichts hindert dich, allezeit zu beten, und fürchte dich nicht, bis zum Tode gerechtfertigt zu werden, denn der Lohn Gottes währt ewig. Vor dem Gebet bereite deine Seele vor; und seid nicht wie ein Mensch, der Gott versucht" (Sir 18; 22-23).

Das Gebet ist das Erheben unserer Seele zu Gott bis zum Ende, um Seinem Heiligen Willen vollkommen zu entsprechen. Unser göttlicher Herr beschrieb seine Mission mit den Worten: "Denn ich bin vom Himmel herabgekommen, nicht um meinen eigenen Willen zu tun, sondern den Willen dessen, der mich gesandt hat... der Vater, dass ich nichts verliere von dem, was er mir gegeben hat, sondern dass ich es am letzten Tag aufrichte" (Joh 6,38.39). "Meine Speise besteht darin, den Willen dessen zu tun, der mich gesandt hat, damit ich sein Werk vollbringe" (Johannes 4,34).

Um dem göttlichen Willen zu entsprechen, müssen wir ihn erstens kennen und zweitens die Gnade und Kraft haben, ihm zu entsprechen, sobald wir ihn kennen. Aber um diese beiden Gaben des Lichts für unseren Verstand und der Kraft für unseren Willen zu erlangen, müssen wir in inniger Freundschaft mit Gott leben. Dies geschieht durch das Gebet. Ein Leben des Gebets ist daher ein Leben, das in Übereinstimmung mit dem Heiligen Willen Gottes gelebt wird, so wie ein Leben ohne Gebet ein Leben des Eigenwillens und des Egoismus ist.

Es gibt ein Element des Gebets, das Juden, Protestanten und Katholiken gemeinsam ist, nämlich den Glauben an Gott. Mehr als die Hälfte der Gebete zum Beispiel, die ein Priester in seinem Stundengebet spricht, sind dem Alten Testament entnommen. In Bezug auf alle drei, d.h. Juden, Protestanten und Katholiken; Unter einer Heiligen Stunde versteht man daher eine Stunde pro Tag, die wir mit der Meditation über Gott und unser ewiges Heil verbringen. Diese Heilige Stunde kann überall gemacht werden.

Für Katholiken hat die Heilige Stunde jedoch eine ganz besondere Bedeutung. Es bedeutet eine ununterbrochene und ununterbrochene Stunde, die wir in der Gegenwart unseres göttlichen Herrn in der Eucharistie verbringen; Aus diesem

Grund ist eine Meditation über die Allerheiligste Eucharistie als eine dieser Meditationen in dieses Buch aufgenommen worden.

Den Priestern und Ordensleuten wird empfohlen, diese Heilige Stunde zusätzlich zu ihrem üblichen Gebet des Stundengebets und der Heiligen Messe zu feiern.

Diese Heilige Stunde wird im Zeichen des Gebets und der Meditation verbracht. Hier wird zwischen beiden unterschieden, wobei der Schwerpunkt auf Letzterem liegt. Unter Gebet verstehen wir hier das Rezitieren von formellen Gebeten, die im Allgemeinen von einer Person verfasst werden, die sich von der betenden unterscheidet.

Die Psalmen stellen eine der höchsten Formen des lautstarken Gebets dar und sind Juden, Protestanten und Katholiken gemeinsam. Zu den weiteren Gebeten gehören das Vaterunser, das Ave Maria, das Glaubensbekenntnis, das Confiteor, die Taten des Glaubens, der Hoffnung und der Nächstenliebe sowie Tausende anderer Gebete, die in religiösen Büchern zu finden sind. Es gibt drei Arten der Aufmerksamkeit im lauten Gebet: (1) auf die Worte, damit wir sie nicht falsch sagen; (2) zu ihrem Sinn und ihrer Bedeutung;

und (3) auf Gott und die Absicht, für die wir beten. Die letzte Art der Aufmerksamkeit ist wesentlich für das laute Gebet.

Aber der Hauptzweck dieser Meditationen zur Heiligen Stunde ist die Kultivierung des geistigen Gebets oder der Meditation. Nur sehr wenige Seelen meditieren jemals; Entweder haben sie Angst vor dem Wort oder sie haben nie seine Existenz gelehrt. In der menschlichen Ordnung ist sich der verliebte Mensch immer des geliebten Menschen bewusst, lebt in der Gegenwart des anderen, beschließt, den Willen des anderen zu tun, und betrachtet es als seine größte Eifersucht, in dem geringsten Vorteil der Selbsthingabe übertroffen zu werden. Wendet dies auf eine Seele an, die in Gott verliebt ist, habt ihr die Grundlagen der Meditation.

Meditation ist also eine Art der Kommunikation von Geist mit Geist, mit Gott als Objekt. Ohne zu versuchen, die formalen Aspekte der Meditation zu beschreiben, sondern um sie für Anfänger so verständlich wie möglich zu machen, ist die Technik der Meditation wie folgt:

(1) Wir sprechen mit Gott: Wir beginnen damit, uns in die Gegenwart Gottes zu versetzen. Diejenigen, die die Heilige Stunde vor dem Allerheiligsten Sakrament feiern, müssen sich unserer Gegenwart vor dem Leib, dem Blut, der Seele und der

Gottheit unseres Herrn und Erlösers Jesus Christus bewusst sein. Natürlich gibt es unterschiedliche Grade der Intimität mit Personen. In einem Theater sind Hunderte anwesend, aber es gibt wenig oder gar keine Intimität zwischen ihnen. Die Intimität vertieft sich in dem Maße, in dem wir mit einem oder mehreren von ihnen ein Gespräch aufnehmen, und je nachdem, wie dieses Gespräch einem gemeinsamen Interesse entspringt. So ist es auch mit Gott.

Das Gebet ist also nicht nur ein Bitten um Dinge, sondern ein Streben nach einer Verwandlung; das heißt, eine "Gleichförmigkeit nach dem Bild seines Sohnes" (Röm 8,29). Wir beten nicht, dass Gott uns etwas gibt, sondern dass wir bereit sind, etwas von Ihm zu empfangen: die Fülle des göttlichen Lebens.

(2) Gott spricht zu uns: Die Tätigkeit ist nicht nur auf der menschlichen Seite, sondern auch auf der göttlichen. Ein Gespräch ist ein Austausch, kein Monolog. So wie die Seele sich Gott nähern wollte, so will Gott sich der Seele nähern. Es wäre falsch, das Gespräch mit Freunden zu monopolisieren; es ist noch falscher, dies in unseren Beziehungen zu Gott zu tun. Wir dürfen nicht nur reden; Wir müssen auch gute Zuhörer sein. "Rede, Herr, denn dein Knecht hört" (1. Könige 3,9).

Die Seele erfährt nun die Wahrheit der Worte "Naht euch Gott, so wird er sich euch nahen" (Jakobus 4,8). Während der ganzen Meditation wird es fromme Zuneigungen der Anbetung, des Flehens, des Opfers und der Wiedergutmachung für Gott empfinden, besonders aber am Ende der Meditation. Diese Zuneigungen oder Gespräche sind vorzugsweise in unserer eigenen Sprache darzubringen, denn jede Seele muss ihre eigene Liebe zu Gott machen, und Gott liebt jede Seele auf eine besondere Weise.

"Am Anfang kommt die Seele, die durch einen Impuls der Gnade zu Jesus hingezogen wird, zu Ihm, erfüllt von natürlichen Gedanken und Sehnsüchten und sehr unwissend über das Übernatürliche. Sie versteht weder Gott noch sich selbst. Er hat einige innige Beziehungen zur Gottheit außerhalb von sich selbst und in sich selbst, aber er beginnt, mit Jesus zu sprechen. Wenn es in der frequentierten Gesellschaft fortbesteht, nimmt der Herr allmählich immer mehr Anteil an dem Gespräch und beginnt, die Seele zu erleuchten. Bei der Betrachtung der Geheimnisse des Glaubens hilft Er ihm, unter die Worte, Tatsachen und Symbole einzudringen, die bisher nur oberflächlich bekannt waren, und den inneren Sinn der übernatürlichen Wahrheiten zu erfassen, die in diesen Tatsachen, Worten oder Symbolen enthalten sind. Die Heilige Schrift wird nach und nach für die Seele geöffnet. Die bekannten Texte beginnen, eine neue und tiefere Bedeutung zu bekommen. Vertraute Ausdrücke vermitteln ein Wissen, das die Seele wundert, noch nie in ihnen entdeckt zu haben. All dieses neue Licht ist darauf gerichtet, die Geheimnisse unseres Glaubens, die die Geheimnisse des Lebens Jesu sind, ein vollständigeres und vollkommeneres Verständnis zu vermitteln« (Leen, Fortschritt durch geistiges Gebet, S. 29). Sheed & Ward).

Lest diese Meditationen nicht als Geschichte. Lesen Sie ein paar Zeilen langsam; Schließen Sie das Buch; Denke über die Wahrheit nach, die in ihnen enthalten ist; wenden Sie sie auf Ihr eigenes Leben an; sprich mit Gott darüber, wie wenig du Seinem Willen entsprochen hast, wie sehr du darauf bedacht bist, es zu tun; höre auf Gott, der zu deiner Seele spricht; Mache Taten des Glaubens, der Hoffnung und der Liebe zu Gott, und erst wenn dieser Gedankengang erschöpft ist, solltest du zum nächsten Gedanken übergehen. Für eine einzige Heilige Stunde muss man nicht unbedingt ein Kapitel dieses Buches lesen. Wenn man gut meditiert, sollte ein einziges Kapitel Gedanken für viele Heilige Stunden liefern.

Wenn dieses Buch der Meditationen erschöpft ist, nimm entweder die Heilige Schrift oder ein wahrhaft spirituelles

Buch oder das Leben eines Heiligen zur Hand und benutze es zur Inspiration und zur Meditation.

# ERSTE MEDITATION

## DIE MENSCHWERDUNG UNSERES HERRN UND ERLÖSERS JESUS CHRISTUS

Liebe ist von Natur aus expansiv, aber die Göttliche Liebe ist schöpferisch. Die Liebe erzählte dem Nichts das Geheimnis ihrer Güte, und das war die Schöpfung. Die Liebe schuf etwas Ähnliches nach ihrem eigenen Bild und Gleichnis, und das war der Mensch. Die Liebe ist verschwenderisch für ihre Gaben, und das war die Erhebung des Menschen zur Adoptivsohnschaft Gottes. Die Liebe muss immer Gefahr laufen, nicht geliebt zu werden, denn die Liebe ist frei. Das menschliche Herz weigerte sich, diese Liebe auf die einzige Weise zu erwidern, auf die man Liebe jemals zeigen kann, nämlich durch Vertrauen und Vertrauen in einem Augenblick der Prüfung. Der Mensch verlor so die Gaben Gottes, verfinsterte seinen Verstand, schwächte seinen Willen und brachte die erste oder ursprüngliche Sünde in die Welt, denn Sünde ist letztlich die Verweigerung der Liebe.

Es war die Weigerung des Menschen, das Beste zu lieben, die das schwierigste Problem in der ganzen Geschichte der Menschheit schuf, nämlich das Problem, den Menschen wieder in die Gunst der göttlichen Liebe zu bringen. Kurz gesagt, das Problem war folgendes: Der Mensch hatte gesündigt, aber seine Sünde war nicht nur eine Rebellion gegen einen anderen Menschen, sondern eine Revolte gegen die unendliche Liebe Gottes. Deshalb war seine Sünde unendlich.

Das ist die eine Seite des Problems. Die andere Seite ist diese: Jeder Verstoß oder jede Verletzung eines Gesetzes verlangt Wiedergutmachung oder Sühne. Da Gott die unendliche Liebe ist, könnte Er dem Menschen vergeben und die Verletzung vergessen, aber Vergebung ohne Entschädigung würde die Gerechtigkeit in den Schatten stellen, die das Wesen Gottes ist. Ohne der Barmherzigkeit Gottes Grenzen zu setzen, könnte man sein Handeln besser verstehen, wenn seiner Barmherzigkeit eine Genugtuung für die Sünde vorausginge, denn man kann niemals barmherzig sein, wenn man nicht gerecht ist. Barmherzigkeit ist das Überfließen der Gerechtigkeit.

Aber angenommen, der Mensch sollte Genugtuung geben, könnte er dann auch für seine Sünde ausreichend

Genugtuung leisten? Nein, denn die Genugtuung oder Wiedergutmachung oder Sühne, die der Mensch anzubieten hatte, war nur endlich.

Der Mensch, der endlich ist, schuldet eine unendliche Schuld. Aber wie kann ein Mann, der eine Million Schulden hat, die Schuld mit einem Cent bezahlen? Wie kann der Mensch das Göttliche sühnen? Wie lassen sich Gerechtigkeit und Barmherzigkeit miteinander vereinbaren? Wenn man jemals Genugtuung für den Sündenfall des Menschen leisten will, so müssen das Endliche und das Unendliche, das Menschliche und das Göttliche, Gott und Mensch in irgendeiner Weise miteinander verbunden sein. Es würde nicht gut sein, wenn Gott allein herabkäme und als Gott allein leide; denn dann hätte er nichts gemein mit dem Menschen; die Sünde war nicht Gottes Sünde, sondern die des Menschen. Es würde dem Menschen allein nicht genügen, zu leiden oder zu sühnen, denn das Verdienst seiner Leiden wäre nur endlich. Wenn die Befriedigung vollständig wäre, müssten zwei Bedingungen erfüllt sein: Der Mensch müsste Mensch sein, um als Mensch zu handeln und zu sühnen; Der Mensch müsste Gott sein, damit seine Leiden einen unendlichen Wert haben. Damit aber das Endliche und das Unendliche nicht als zwei verschiedene Persönlichkeiten agieren und damit unendliches Verdienst aus dem Leiden des Menschen hervorgeht, müssten Gott und Mensch in gewisser Weise eins werden, oder mit anderen Worten, es müsste einen Gottmenschen geben. Wenn Gerechtigkeit und Barmherzigkeit miteinander in Einklang gebracht werden sollten, müsste es eine Menschwerdung geben, was bedeutet, dass Gott eine menschliche Natur annimmt, so dass Er wahrer Gott und wahrer Mensch ist. Es müsste eine Vereinigung von Gott und Mensch geben, und diese Vereinigung fand in der Geburt unseres Herrn und Erlösers, Jesus Christus, statt.

Die Liebe neigt dazu, dem Geliebten ähnlich zu werden; In der Tat wünscht sie sich sogar, eins zu werden mit dem Geliebten. Gott liebte den unwürdigen Menschen. Er wollte eins mit ihm werden, und das war die Menschwerdung. Eines Nachts ging über die Stille eines Abendwindes, hinaus über die weißen Kreidehügel von Bethlehem, ein Schrei, ein sanfter Schrei. Das Meer hörte den Schrei nicht, denn das Meer war von seiner eigenen Stimme erfüllt. Die Erde hörte den Schrei nicht, denn die Erde schlief. Die großen Männer der Erde hörten den Schrei nicht, denn sie konnten nicht begreifen, wie ein Kind größer sein konnte als ein Mensch. Die Könige der Erde hörten den Schrei nicht, denn sie konnten nicht begreifen, wie ein König in einem Stall geboren werden konnte. Es gab nur zwei Klassen von Männern, die den Schrei in dieser Nacht hörten: Hirten und Weise. Hirten: diejenigen, die wissen, dass sie nichts wissen. Weise Männer: Diejenigen, die wissen, dass sie nicht alles wissen. Hirten: arme, einfache Männer, die nur ihre Herden zu hüten wussten, die vielleicht nicht sagen konnten, wer der Statthalter von Judäa war; der vielleicht keine einzige Zeile von Vergil kannte, obwohl es keinen Römer gab, der nicht von ihm hätte zitieren können. Auf der anderen Seite gab es die Heiligen Drei Könige; nicht Könige, sondern Lehrer von Königen; Männer, die die Sterne zu lesen wussten, um die Geschichte ihrer Bewegungen zu erzählen; Männer, die ständig auf Entdeckungen aus waren. Beide hörten den Schrei. Die Hirten fanden ihren Hirten; die Weisen entdeckten die Weisheit. Und der Hirte und die Weisheit war ein Kind in einer Krippe.

Wer ohne Mutter im Himmel geboren wird, wird ohne Vater auf Erden geboren. Er, der seine Mutter gemacht hat, ist von seiner Mutter geboren. Er, der alles Fleisch gemacht hat, ist aus Fleisch geboren. "Der Vogel, der das Nest gebaut hat, ist darin ausgebrütet." Schöpfer der Sonne, unter der Sonne; Former der Erde, auf der Erde; Unaussprechlich weise, ein kleines Kind; die Welt füllend, in einer Krippe liegend; die Sterne beherrschend, an einer Brust säugend; die

Heiterkeit des Himmels weint, Gott wird Mensch; Schöpfer, ein Geschöpf. Reich wird arm; Gottheit, fleischgeworden; Majestät, unterworfen; Freiheit, gefangen; Ewigkeit, Zeit; Herr, ein Diener; Wahrheit, Angeklagter; Richter, Richter; Gerechtigkeit, verurteilt; Herr, gegeißelt; Macht, mit Stricken gefesselt; König, von Dornen gekrönt; Rettung, verwundet; Leben, tot. "Das ewige Wort ist stumm." Wunder der Wunder! Union der Gewerkschaften! Drei mysteriöse Verbindungen in einer; Göttlichkeit und Menschlichkeit; Jungfräulichkeit und Fruchtbarkeit; Der Glaube und das Herz des Menschen.

Es braucht ein Göttliches, ein unendliches Wesen, um die Werkzeuge der Niederlage als Instrumente des Sieges zu benutzen. Der Sündenfall kam durch drei Realitäten: Erstens, ein ungehorsamer Mann: Adam. Zweitens, eine stolze Frau: Eva. Drittens, ein Baum. Die Versöhnung und Erlösung des Menschen kam durch eben diese drei. Denn der ungehorsame Mensch, Adam, war der gehorsame neue Adam des Menschengeschlechts, Christus; für die stolze Eva gab es die demütige Maria; und für den Baum das Kreuz.

Unser Herr wandelte nicht ewig auf der Erde umher und erzählte den Menschen Plattitüden über die Wahrheit. Er erklärte nicht nur Wahrheit, Niederlage, Resignation und

Opfer. Alle anderen haben das getan. Das Ziel, das er suchte, war der Tod. Vom Anfang bis zum Ende hatte Er nur eine Vision vor Augen: Er würde sterben. Nicht sterben, weil Er nicht anders konnte, sondern sterben, weil Er es wollte. Der Tod war kein Ereignis in seiner Laufbahn; es war kein Zufall in Seinem Plan – es war das einzige Geschäft, das Er zu erledigen hatte. Während seines ganzen erlösenden Lebens freute er sich auf seinen erlösenden Tod. Er nahm sein Blutvergießen auf Golgatha durch seine Beschneidung im Alter von acht Tagen vorweg. Zu Beginn seines öffentlichen Wirkens inspirierte seine Gegenwart Johannes, seinen Jüngern am Jordan zuzurufen: "Seht das Lamm Gottes" (Joh 1,29). Er antwortete auf das Bekenntnis seiner Göttlichkeit durch Petrus in Cäsarea-Philippi, dass er "viel von den Ältesten und Schriftgelehrten und Hohenpriestern erleiden und getötet werden und am dritten Tag auferstehen muss" (Mt 16,21); die bleiernen, schweren Tage ließen ihn in schöner Ungeduld ausrufen: "Ich habe eine Taufe, mit der ich mich taufen lassen soll; und wie betrübt bin ich, bis es vollbracht ist!« (Lukas 12,50). Dem Mitglied des Sanhedrin, das ein Zeichen suchte, sagte Er Seinen Tod am Kreuz voraus. Er antwortete: "Und wie Mose die Schlange in der Wüste emporgehoben hat, so muss auch der Menschensohn emporgehoben werden, damit die, die an ihn glauben, nicht verloren gehen, sondern das ewige Leben haben" (Johannes 3,14-15). Zu den Pharisäern, die wie Schafe ohne Hirten waren, sprach er: "Ich bin der gute Hirte. Der gute Hirte gibt sein Leben für seine Schafe... und ich gebe mein Leben für meine Schafe... Niemand nimmt es mir weg, aber ich lege es von mir selbst ab. Ich habe die Macht, es niederzulegen, und ich habe die Macht, es wieder aufzunehmen. Das ist das Gebot, das ich von meinem Vater empfangen habe" (Johannes 10:11, 16, 18). Zu allen Menschen aller Zeiten, die vergessen würden, dass Er als Unser Erlöser und Heiland gekommen ist, spricht Er die zärtlichsten Worte, die je auf dieser sündigen Erde gefangen waren: "Denn so sehr hat Gott die Welt geliebt, dass er seinen eingeborenen Sohn gab, damit die, die an ihn glauben, nicht verloren gehen, sondern das ewige Leben haben. Denn Gott hat seinen Sohn nicht in die Welt gesandt, um die Welt zu richten, sondern damit die Welt durch ihn gerettet werde" (Joh 3,16-17).

# Die Buße und das Bekenntnis
## Davids nach seiner Sünde

Hab Erbarmen mit mir, o Gott, gemäß deiner großen Barmherzigkeit. Und nach der Menge deiner zärtlichen Barmherzigkeit tilge meine Schuld. Wasche mich noch mehr von meiner Schuld und reinige mich von meiner Sünde. Denn ich kenne meine Schuld, und meine Sünde steht immer vor mir. Dir allein habe ich gesündigt und Böses getan vor dir, damit du durch deine Worte gerechtfertigt und überwindet wirst, wenn du gerichtet wirst. Denn siehe, ich bin in Sünden gezeugt worden, und in Sünden hat mich meine Mutter empfangen. Denn siehe, du hast die Wahrheit geliebt, das Ungewisse und Verborgene deiner Weisheit hast du mir offenbar gemacht. Du sollst mich mit Ysop besprengen, und ich werde gereinigt werden; aber du sollst mich waschen, und ich werde weißer als Schnee werden. Meinem Gehör sollst du Freude und Frohsinn geben, und die Gebeine, die gedemütigt worden sind, werden sich freuen. Wende dein Angesicht von meinen Sünden ab und lösche alle meine Sünden aus. Schaffe ein reines Herz in mir, o Gott, und erneuere einen rechten

Geist in meinen Eingeweiden. Wirf mich nicht von deinem Angesicht und nimm deinen heiligen Geist nicht von mir. Gib mir die Freude deines Heils zurück und stärke mich mit einem vollkommenen Geist. Ich will die Ungerechten deine Wege lehren, und die Bösen werden sich zu dir bekehren. Befreie mich vom Blute, o Gott, du Gott meines Heils, und meine Zunge wird deine Gerechtigkeit preisen. O Herr, du wirst meine Lippen auftun, und mein Mund wird dein Lob verkünden. Denn hättest du ein Opfer begehrt, so hätte ich es auch gegeben: mit Brandopfern wirst du dich nicht freuen. Ein Opfer für Gott ist ein bedrängter Geist: ein zerknirschtes und demütiges Herz, o Gott, wirst du nicht verachten. Fahre günstig um, o Herr, in deinem guten Willen mit Sion; damit die Mauern Jerusalems errichtet werden. Dann wirst du das Opfer der Gerechtigkeit, die Opfergaben und die ganzen Brandopfer annehmen; dann werden sie Kälber auf deinen Altar legen« (Ps 50,3-21).

# Gebet des hl. Augustinus

(Aus der Raccolta)

"Herr Jesus, möge ich mich selbst erkennen und dich kennen. Und begehre nichts als nur Dich. Möge ich mich selbst hassen und Dich lieben. Möge ich alles um Deiner willen tun. Möge ich mich demütigen und Dich erhöhen. Darf ich an nichts anderes denken als an dich. Möge ich mir selbst sterben und in dir leben. Möge ich alles, was geschieht, von Dir empfangen. Möge ich mich selbst verbannen und Dir folgen. Und immer den Wunsch, Dir zu folgen. Möge ich vor mir selbst fliehen und zu dir fliegen, damit ich es verdiene, von dir verteidigt zu werden. Möge ich um mich selbst fürchten und Dich fürchten und zu denen gehören, die von Dir auserwählt sind. Möge ich mir selbst misstrauen und auf dich vertrauen. Möge ich bereit sein, deinetwegen zu gehorchen. Möge ich mich an nichts klammern als an Dich. Möge ich um Deiner willen arm sein. Sieh mich an, damit ich dich liebe. Ruf mich, damit ich dich sehe und mich immer und ewig an dir erfreue. Amen."

# ZWEITE MEDITATION

## WIE CHRISTUS HEUTE IN UNS LEBT

Wie oft hören wir Seelen klagen, dass sie so weit von Galiläa und so weit von Jesus entfernt sind. Die Welt ist voll von Männern und Frauen, die von unserem Herrn einzig und allein in Bezug auf das denken, was ihre Augen sehen, ihre Ohren hören und ihre Hände berühren können. Wie viele gibt es, die ausgehend von der Wahrheit, dass Er ein großer Lehrer von gebieterischem Einfluss war, der vor 2000 Jahren auf der Erde wandelte, die Einzelheiten der Landschaften des See- und Hügellandes von Galiläa zusammentragen und ihre Phantasie besser gebrauchen, um die genauen Umstände Seines irdischen Lebens darzustellen; aber hier endet die Wertschätzung seines Lebens. Sie haben gelernt, ihn als jemanden zu betrachten, der zur Menschheitsgeschichte gehört, wie Cäsar, Washington oder Mohammed; sie denken an ihn als jemanden, der auf der Erde gelebt hat und gestorben ist. Wo er aber ist, was sein Wesen ist, ob er jetzt auf uns einwirken kann, ob er uns hören kann, ob er sich uns nähern kann, da sind Gedanken, die verächtlich abgetan werden, weil sie in die Kategorie theologischer Abstraktionen und törichter Dogmen fallen. Gerade diese Seelen mögen in diesem oder jenem Fall seinem Beispiel folgen, seine Seligpreisungen auf diesen oder jenen Umstand ihres Lebens anwenden, sein Leben als ein großes Opfer und eine große Inspiration betrachten; aber darüber hinaus bedeutet ihnen Christus nichts. Er ist der größte Mensch, der je gelebt hat, aber er ist nichts weiter. Sie gehören in der Tat zu denen, von denen der heilige Paulus gesagt hat, dass sie Christus nur dem Fleisch nach kennen.

Es muss zugegeben werden, dass die fortwährende spürbare und sichtbare Gegenwart unseres Erlösers eine ständige Inspiration für unser Leben gewesen wäre, aber wir dürfen nicht vergessen, dass er selbst in der Nacht vor seinem Tod gesagt hat: "Es ist gut für dich, dass ich weggehe" (Joh 16,7). Seltsame Worte, das. Warum sollten sie in einem Augenblick gesprochen werden, in dem er die Herzen seiner Apostel von ihren Netzen, Booten und Zolltischen entwöhnt und sie so eng um sein eigenes Heiligstes Herz geschlungen hatte? Wie konnte es für sie zweckmäßig sein, dass Er ging? Es war ratsam für Ihn, zu gehen, um uns näher zu sein. Das ist eben der Grund, den er für sein Gehen angegeben hat:

"Denn wenn ich nicht gehe, wird der Fürsprecher nicht zu euch kommen; aber wenn ich gehe, werde ich ihn zu dir schicken... Eine kleine Weile, und du wirst mich nicht mehr sehen; und noch eine kleine Weile, und du sollst mich sehen, weil ich zum Vater gehe... Ich werde dich wiedersehen, und dein Herz wird jubeln; und deine Freude wird dir niemand nehmen" (Johannes 16,7-8.16.22).

In diesen feierlichen Worten, die er am Vorabend seiner Kreuzigung sprach, erklärte er ausdrücklich, dass er in die grenzenlosen Tiefen des Lebens seines Vaters zurückkehren würde, aus denen er gekommen war, aber sein Weggehen würde sie nicht als Waisen zurücklassen, denn er würde auf eine neue Weise wiederkommen; nämlich durch seinen Geist. Unser Herr sagte hier gleichermaßen, dass, wenn Er in Seinem physischen Leben auf Erden geblieben wäre, Er nur ein Beispiel gewesen wäre, das man hätte nachahmen können; aber wenn Er zu Seinem Vater ginge und Seinen Geist sendete, dann wäre Er ein Leben, das gelebt werden sollte. Wenn er auf der Erde geblieben wäre, wäre er immer außerhalb von uns gewesen, außerhalb von uns; eine äußere Stimme, ein äußeres Leben, ein ewiges Vorbild – Er konnte nie anders besessen werden als durch eine Umarmung.

Aber wenn Er einmal in den Himmel aufgefahren ist und zur Rechten des Vaters in der Herrlichkeit sitzt, die Seine ist, dann könnte Er Seinen Geist in unsere Seelen senden, so dass Er nicht als äußere Person, sondern als lebendige Seele bei uns wäre. dann wäre Er nicht nur etwas Mechanisches, das kopiert werden müsste, sondern etwas Lebendiges, das reproduziert werden muss, nicht etwas Äußeres, das in unserem Leben dargestellt wird, sondern etwas, das in uns entwickelt werden muss. Seine Himmelfahrt und seine Sendung seines Geistes allein machen es ihm möglich, sich ganz mit uns zu vereinen, mit Leib und Blut, Seele und Gottheit bei uns Wohnung zu nehmen und im strengsten Sinne des Wortes "Christus in uns" zu sein. Es war daher ratsam, dass Er ging. Sonst hätte er der Geschichte und einem Land angehört. Jetzt gehört Er den Menschen.

Dank Seines unsichtbaren Geistes, den Er in Seinen mystischen Leib sendet, lebt Christus heute auf Erden genauso wirklich und wahrhaftig, wie Er vor zwanzig Jahrhunderten in Galiläa gelebt hat. In gewissem Sinne ist Er uns heute näher als damals, denn Sein Leib selbst hat Ihn damals außerhalb von uns gemacht, aber dank Seinem Geist kann Er jetzt in uns leben als die eigentliche Seele unserer Seele, der eigentliche Geist unseres Geistes, die Wahrheit unseres Verstandes, die Liebe unseres Herzens. und das Verlangen unseres Willens. So wird das Leben Christi durch den Geist aus dem Bereich der rein historischen Studien, die wir mit unserer Vernunft erforschen, in das Reich des geistigen Erlebens versetzt, wo er unmittelbar zu unserer Seele spricht. Es mag ein großer Trost für die kanaanäische Frau gewesen sein, dass sie den Saum seines Gewandes berührt hat, dass Magdalena seine Füße geküsst hat, dass Johannes sich in der Nacht des letzten Abendmahls auf seine Brust gelehnt hat, aber all diese Intimitäten sind äußerer Natur. Sie haben eine große Kraft und Anziehungskraft, weil sie vernünftig sind, aber keiner von ihnen kann sich auch nur annähernd der Vereinigung, der Intimität annähern, die entsteht, wenn man Christus dank seines Heiligen Geistes innerlich besitzt. Die größten Freuden des Lebens sind die, die aus der Einheit kommen. Wir erreichen nie den Gipfel der Einheit, solange es nicht eine Verschmelzung der Liebe, der Gedanken und der Wünsche gibt, eine Einheit, die so tief ist, dass wir mit demjenigen, den wir lieben, denken, mit dem, den wir lieben, lieben, begehren, was er begehrt; und diese Einheit findet sich in ihrer Vollkommenheit, wenn die Seele eins wird mit dem Geist Christi, der der Geist Gottes ist. Die Freuden, die aus menschlichen Freundschaften kommen, auch die edelsten, sind nur die Schatten und liebevollen Reflexe der Freude einer Seele, die vom Geist Christi besessen ist. Erhebe das menschliche Glück, das aus der Vereinigung mit dem Geliebten entsteht, bis zum äußersten Punkt, den das Herz ertragen kann, und selbst das ist nur ein Funke im Vergleich zu der großen Flamme des Geistes Christi, die in einer Seele brennt, die Ihn liebt.

Was genau ist dieses Leben Christi in der getauften Seele? Es ist die Gnade, ein übernatürliches Geschenk, das uns durch die Verdienste Jesu Christi zu unserem Heil geschenkt wurde.

Die ganze Schöpfungsordnung bietet uns eine Analogie für die Gabe-Qualität der Gnade. Wenn ein Stein, sagen wir der Felsen von Gibraltar, plötzlich in Blüte ausbrechen würde, so wäre er etwas, das über seine Natur hinausgeht. Wenn eine Rose eines Tages bewusst werden und sehen, fühlen und berühren würde, wäre das ein übernatürlicher Akt – ein Akt, der der Natur der Rose als solcher völlig unangemessen ist. Wenn ein Tier in einen Denkprozess ausbricht und Worte der Weisheit spricht, wäre das ein übernatürlicher Akt, denn es liegt nicht in der Natur eines Tieres, rational zu sein. Ebenso, aber in einer viel strengeren Weise, wenn der Mensch, der von Natur ein Geschöpf Gottes ist, ein Kind Gottes, ein Glied der Familie der Dreifaltigkeit und ein Bruder Jesu Christi wird, so ist das für den Menschen ein übernatürlicher Akt und eine Gabe, die alle Erfordernisse und Kräfte seiner Natur übertrifft. Mehr noch als die Blüte übertrifft die Natur und die Kraft des Marmors.

Die Gnade macht den Menschen zu einem »neuen Geschöpf«, unendlich höher als sein früherer Zustand, mehr als ein Tier, wenn es mit der Weisheit des Sokrates spräche. Es gibt nichts in der ganzen Schöpfung Vergleichbares zu jener Gabe, durch die Gott den Menschen einen Sohn nennt und der Mensch Gott "Vater" nennt. Der Unterschied zwischen dem bloßen menschlichen Leben und dem durch die Gnade deformierten menschlichen Leben ist nicht der der Entwicklung, sondern der Zeugung. Die Quelle des Lebens ist in beiden Fällen so verschieden wie die menschliche und die göttliche Vaterschaft. Die Entfernung, die einige Mineralien vom Pflanzenreich trennt, mag nur eine Haaresbreite betragen – aber die Entfernung, die das menschliche Leben vom göttlichen Leben trennt, ist unendlich. »Von dort kann niemand mehr hinübergehen.«

In den Augen Gottes ist die Welt in zwei Klassen geteilt, die Söhne der Menschen und die Söhne Gottes. Alle sind berufen, Kinder Gottes zu sein, aber nicht alle nehmen das Geschenk würdig an, weil sie glauben, dass sie, wenn sie

Christus als ihren Anteil annehmen würden, nichts anderes als hätten würden. Es bedeutet, zu vergessen, dass das Ganze aus Teilen besteht und dass wir im vollkommenen Leben die Freuden des endlichen Lebens in unendlichem Maße haben. Beide Arten von Söhnen werden geboren, der eine nach dem Fleisch, der andere nach dem Geist. "Das, was aus dem Fleisch geboren ist, ist Fleisch; was aber aus dem Geist geboren ist, ist Geist« (Joh 3,6). Aus dem Fleisch geboren zu sein, schließt uns in das Leben Adams ein; Aus dem Geist geboren zu sein – aus den Wassern des Heiligen Geistes – schließt uns in das Leben Christi ein. Die Söhne Gottes werden zweimal geboren; die Söhne der Menschen, die einmal geboren wurden. Es gibt mehr Unterschiede zwischen zwei Seelen auf dieser Erde, der einen im Stand der Gnade und der anderen nicht in jenem Zustand, als zwischen zwei Seelen, der einen im Stand der Gnade in diesem Leben und der anderen, die sich der ewigen Seligkeit des Himmels erfreut. Der Grund dafür ist, dass die Gnade der Keim der Herrlichkeit ist, und eines Tages wird sie zur Herrlichkeit erblühen, so wie die Eichel eines Tages zur Eiche wird. Aber die Seele, die nicht von Gnade besessen ist, hat solche Kräfte nicht in sich. "Geliebte", sagt der heilige Johannes, "jetzt sind wir Kinder Gottes, und es ist noch nicht erschienen, was wir sein werden.

Wir wissen, dass wir, wenn er erscheint, ihm ähnlich sein werden, denn wir werden ihn so sehen, wie er ist" (1. Johannes 3,2).

## Die unterschiedlichen Wirkungen von Natur und Gnade

*Thomas à Kempis*

*Nachfolge Christi, Buch III, Kapitel 54*

"Sohn, beobachte eifrig die Bewegungen der Natur und der Gnade; denn sie bewegen sich sehr entgegengesetzte Wege und sehr subtil und können kaum unterschieden werden außer von einem geistigen Menschen, der innerlich erleuchtet ist.

"Wahrlich, alle Menschen streben nach dem Guten und geben in dem, was sie tun und sagen, etwas Gutes vor: darum werden viele unter dem Schein des Guten getäuscht.

"Die Natur ist listig und zieht viele weg; sie umgarnt und betrügt sie und hat immer sich selbst für ihr Ziel im Sinn:

Die Gnade aber wandelt in Einfachheit, wendet sich ab von allem Schein des Bösen, bietet keine Täuschungen an und tut alles nur für Gott, in dem sie auch ruht wie in ihrem letzten Ende.

"Die Natur ist nicht bereit, sich abtöten zu lassen, sich zurückhalten zu lassen, nicht zu überwinden oder sich unterwerfen zu lassen; auch wird sie nicht von sich aus untergebracht werden:

"Aber die Gnade studiert die Abtötung ihres eigenen Selbst, widersteht der Sinnlichkeit, sucht unterworfen zu sein, begehrt nach Überwindung, zielt nicht darauf ab, ihrer eigenen Freiheit zu folgen, liebt es, unter Zucht gehalten zu werden, und wünscht nicht, über irgendjemanden zu herrschen; sondern unter Gott, um immer zu leben, zu stehen und zu sein; und um Gottes willen ist sie immer bereit, sich demütig unter allen menschlichen Geschöpfen zu beugen.

"Die Natur arbeitet für ihr eigenes Interesse und denkt darüber nach, welchen Gewinn sie von anderen ernten kann:

"Aber die Gnade denkt nicht daran, was für sie selbst vorteilhaft und nützlich sein kann, sondern daran, was für viele nützlich sein kann.

"Die Natur erhält gern Ehre und Achtung:

"Die Gnade aber schreibt Gott alle Ehre und Herrlichkeit treu zu.

"Die Natur hat Angst, beschämt und verachtet zu werden:

"Aber die Gnade ist froh, Schmach für den Namen Jesu zu ertragen.

"Die Natur liebt Müßiggang und körperliche Ruhe:

"Aber die Gnade kann nicht müßig sein und nimmt die Arbeit bereitwillig an.

"Die Natur sucht nach Dingen, die merkwürdig und fein sind, und kümmert sich nicht um Dinge, die billig und grob sind:

"Aber die Gnade hat Wohlgefallen an dem, was einfach und demütig ist, das Grobe nicht ablehnt und sich nicht weigert, alte Kleider zu tragen.

"Die Natur achtet auf die zeitlichen Dinge, freut sich über irdischen Gewinn, ärgert sich über Verluste und reizt sich über jedes geringe, schädliche Wort:

"Die Gnade aber kümmert sich um das Ewige und haftet nicht an denen, die mit der Zeit vergehen; Weder beunruhigt sie sich über den Verlust von Dingen, noch ärgert sie sich über harte Worte, denn sie legt ihren Schatz und ihre Freude in den Himmel, wo nichts verloren ist.

"Die Natur ist habgierig und mehr bereit, zu nehmen als zu geben, und liebt es, Dinge für sich allein zu haben.

"Aber die Gnade ist großzügig und offenherzig, vermeidet Selbstsucht, gibt sich mit wenig zufrieden und hält es für glücklicher, zu geben als zu nehmen.

"Die Natur neigt sich zu den Geschöpfen, zu ihrem eigenen Fleisch, zu den Eitelkeiten und zur Weitläufigkeit:

"Aber die Gnade zieht sich zu Gott und zur Tugend, entsagt den Geschöpfen, flieht durch die Welt, haßt die Begierden des Fleisches, hält das Umherirren zurück und schämt sich, in der Öffentlichkeit aufzutreten.

"Die Natur empfängt gern äußere Bequemlichkeit, an der sie sich sinnlich erfreuen kann:

"Die Gnade aber sucht Trost zu finden in Gott allein und jenseits aller sichtbaren Dinge, um sich am souveränen Wohl zu erfreuen.

"Die Natur tut alles für ihren eigenen Gewinn und Interesse; Sie kann nichts umsonst tun, sondern hofft, etwas Gleichwertiges oder Besseres oder Lob oder Gunst für ihre guten Taten zu erlangen, und begehrt, dass ihre Taten und Gaben sehr geschätzt werden.

"Aber die Gnade sucht nichts Zeitliches, noch verlangt sie einen anderen Lohn als Gott allein für ihren Lohn, noch verlangt sie mehr von den Notwendigkeiten dieses Lebens, das zur Erlangung einer glücklichen Ewigkeit dienlich sein kann.

"Die Natur freut sich über eine Menge von Freunden und Verwandten; Sie rühmt sich des Adels ihres Stammes und ihrer Abstammung; Sie schmeichelt denen, die an der Macht sind, schmeichelt den Reichen und applaudiert solchen, die ihr gleich sind:

"Aber die Gnade liebt sogar ihre Feinde und bläht sich nicht auf, weil sie viele Freunde hat, noch hat sie irgendeinen Wert für Familie oder Geburt, es sei denn, wenn sie mit größerer Tugend verbunden ist, bevorzugt sie lieber die Armen als die Reichen; Sie hat mehr Mitgefühl für die Unschuldigen als für die Mächtigen; Sie freut sich mit dem, der die Wahrheit liebt, und nicht mit dem Betrügerischen; sie ermahnt die Guten immer, eifrig nach besseren Gaben zu streben und dem Sohn Gottes durch das Üben der Tugenden gleich zu werden.

"Die Natur klagt leicht über Mangel und Unglück:

"Aber die Gnade erträgt die Armut mit Beständigkeit.

"Die Natur dreht alles zu sich selbst, und für sich selbst arbeitet und streitet sie:

"Die Gnade aber verweist alles auf Gott, von dem alles ursprünglich ausgeht; Sie schreibt sich selbst nichts Gutes zu, noch maßt sie sich hochmütig an: sie streitet nicht und zieht ihre eigene Meinung nicht anderen vor, sondern sie unterwirft sich in jedem Sinne und Verständnis der ewigen Weisheit und der göttlichen Prüfung.

"Die Natur begierig sich danach, Geheimnisse zu kennen und Neuigkeiten zu hören; ist bereit, in die Fremde zu treten und viele Dinge mit den Sinnen zu erfahren; wünscht, beachtet zu werden und Dinge zu tun, die Lob und Bewunderung erregen können:

"Aber die Gnade kümmert sich nicht um das Hören von Neuigkeiten und Merkwürdigkeiten, denn das alles entspringt der alten Verderbnis, denn nichts ist neu oder bleibend auf Erden.

"Sie lehrt daher, die Sinne zu zügeln, eitle Selbstgefälligkeit und Prahlerei zu vermeiden, demütig das zu verbergen, was des Lobes und der Bewunderung würdig ist, und vor allem und in jeder Erkenntnis die Frucht des geistlichen Nutzens und das Lob und die Ehre Gottes zu suchen.

»Sie wünscht sich nicht für das, was ihr gehört, priesen zu lassen; sondern er wünscht, dass Gott in seinen Gaben gesegnet werde, der alles durch bloße Liebe gibt.

"Diese Gnade ist ein übernatürliches Licht und eine besondere Gabe Gottes und das rechte Kennzeichen der Auserwählten und das Unterpfand des ewigen Heils, das den Menschen von den Dingen der Erde zur Liebe zu den himmlischen Dingen erhebt und, wenn er fleischlich ist, ihn geistig macht.

"Darum, um wie viel mehr die Natur niedergehalten und unterworfen wird, um so mehr wird die Fülle der Gnade durchdrungen, und der innere Mensch wird durch neue Heimsuchungen täglich mehr nach dem Bilde Gottes reformiert."

# DRITTE MEDITATION

## WIE DIESES GÖTTLICHE LEBEN VERLOREN GEHT UND UNSER ENDGÜLTIGES ENDE

Sünde ist das Töten des Christus-Lebens in unserer Seele. Unser Gewissen ist der Gerichtssaal des Pilatus. Täglich und stündlich werden Barabbas und Christus vor uns geführt. Barabbas kommt als Laster, Mord, Gotteslästerung – Christus kommt als Tugend, Liebe und Reinheit. Welcher von beiden soll freigelassen werden?

Wenn wir im Stand der Sünde sterben, werden wir als Sünder gerichtet werden. Was ist Urteilsvermögen? Das Gericht kann sowohl vom Standpunkt Gottes als auch von unserem Standpunkt aus betrachtet werden.

Vom Standpunkt Gottes aus ist das Gericht eine Erkenntnis. Zwei Seelen erscheinen in jenem Bruchteil einer Sekunde nach dem Tod vor den Augen Gottes. Der eine befindet sich im Stand der Gnade; der andere ist es nicht. Der Richter schaut in die Seele im Stand der Gnade. Er sieht darin eine Ähnlichkeit mit seiner Natur, denn Gnade ist eine Teilhabe an der göttlichen Natur. So wie eine Mutter ihr Kind aufgrund der Ähnlichkeit mit der Natur erkennt, so erkennt Gott auch seine eigenen Kinder durch die Ähnlichkeit mit der Natur. Wenn sie aus Ihm geboren sind, weiß Er das. Als Jesus Christus, der Souveräne Richter, unser Herr und Heiland, in dieser Seele Sein Ebenbild sieht, sagt er tatsächlich: "Kommt, ihr Gepriesenen meines Vaters. Ich habe euch gelehrt, zu beten: Vater unser. Ich bin der natürliche Sohn; Du, der Adoptivsohn. Komm in das Reich, das ich von Ewigkeit her für dich bereitet habe."

Die andere Seele, die nicht die familiären Merkmale und das Gleichnis der Dreifaltigkeit besitzt, wird vom Richter ganz anders aufgenommen. So wie die Mutter weiß, dass der Sohn ihres Nächsten nicht ihr eigener ist, weil es keine Teilhabe an der Natur gibt, so kann auch Jesus Christus, der in der sündigen Seele keine Teilhabe an seiner Natur sieht, nur die Worte sagen, die Nichtkenntnis bedeuten: "Ich kenne dich nicht"; und es ist eine schreckliche Sache, von Gott nicht erkannt zu werden!

Das ist das Urteil vom göttlichen Standpunkt aus. Aus menschlicher Sicht ist es auch ein Erkennen, aber ein Erkennen von Untauglichkeit bzw. Fitness. An der Tür wird ein sehr hoher Besuch angekündigt, aber ich trage meine Arbeitskleidung, meine Hände und mein Gesicht sind schmutzig. Ich bin nicht in der Lage, mich vor einer so erhabenen Persönlichkeit zu zeigen, und ich weigere mich, ihn zu sehen, bis ich mein Aussehen verbessern kann. Eine Seele, die mit Sünde befleckt ist, verhält sich ganz genauso, wenn sie vor den Richterstuhl Gottes tritt. Sie sieht auf der einen Seite Seine Majestät, Seine Reinheit, Seinen Glanz, auf der anderen Seite ihre eigene Niedertracht, ihre Sündhaftigkeit und ihre Unwürdigkeit. Sie fleht nicht und argumentiert nicht, sie plädiert nicht für einen Fall – sie sieht; und aus der Tiefe kommt sein eigenes Urteil: "O Herr, ich bin nicht wert." Die Seele, die mit lässlichen Sünden befleckt ist, wirft sich ins Fegefeuer, um ihre Taufkleider zu waschen, aber die unheilbar befleckte Seele – die dem göttlichen Leben tote Seele – stürzt sich ebenso natürlich in die Hölle, wie ein Stein, der aus meiner Hand gelöst wird, zu Boden fällt.

Aber gibt es eine Hölle? Die moderne Welt glaubt nicht mehr daran. Es stimmt, dass viele unserer heutigen Propheten die Hölle leugnen, und das veranlasst uns, nach dem Grund für diese Leugnung zu fragen. Der Grund dafür ist wahrscheinlich psychologischer Natur. Es gibt zwei mögliche Orientierungen für einen Mann. Entweder muss er sein Leben den Dogmen anpassen, oder er muss die Dogmen seinem Leben anpassen. "Wenn wir nicht so leben, wie wir denken, fangen wir bald an, so zu denken, wie wir leben." Wenn unser Leben nicht in Übereinstimmung mit dem Evangelium geregelt ist, dann ist der Gedanke an die Hölle eine sehr unangenehme Art von Gedanke. Um mein Gewissen zu beruhigen, muss ich es verleugnen. Ich muss ein Dogma meiner Lebensweise anpassen. Und das bestätigt die Erfahrung. Einige glauben an die Hölle, fürchten sie, hassen sie und meiden die Sünde. Andere lieben die Sünde, leugnen die Hölle, fürchten sie aber immer.

Aber angenommen, das wäre der Grund für ihre Verneinung, so werden dieselben Propheten fragen: Woher weißt du, dass es eine Hölle gibt? Ganz klar, denn Jesus Christus hat gesagt, dass es einen gibt. Entweder gibt es eine Hölle, oder die Unendliche Wahrheit ist ein Lügner. Den zweiten Satz kann ich nicht annehmen, also muss ich den ersten annehmen.

Himmel und Hölle sind nicht nur nachträgliche Gedanken im tatsächlichen Göttlichen Plan. Gott hat nicht durch einen zweiten Akt Seines Willens und Seiner Allmacht Himmel und Hölle geschaffen, um diejenigen zu belohnen und zu bestrafen, die Seinem Göttlichen Gesetz gehorchen oder ungehorsam sind. Sie sind keine willkürlichen Dekrete; bloße Dinge, um einen ursprünglichen, von der Sünde gestörten Plan zu flicken. Kein Gesetz kann ohne Sanktion existieren. Wenn es in der gegenwärtigen Heilsordnung keine Hölle gäbe, was wäre die Konsequenz? Es würde bedeuten, dass, egal welches Böse wir tun, und unabhängig davon, wie lange wir es tun und mit welchem Hass wir es tun, Gott immer gleichgültig gegenüber unseren moralischen Handlungen ist, was eine andere Art wäre, zu sagen, dass das Gesetz der Gesetzlosigkeit gegenüber gleichgültig ist.

Alle unsere Irrtümer über Himmel und Hölle beruhen auf unserer Unfähigkeit zu erkennen, wie sie notwendig mit unseren Handlungen in der sittlichen Ordnung zusammenhängen. Es gibt viele, die den Himmel nur als eine willkürliche Belohnung für ein gutes Leben betrachten, als eine Art Zeichen der Anerkennung unseres Sieges, da dem Sieger eines Rennens ein silberner Liebespokal verliehen wird. Das ist nicht die ganze Wahrheit. Der Himmel ist nicht mit einem guten christlichen Leben verbunden, so wie ein silberner Pokal mit dem Sieg eines Rennens verbunden ist, denn der silberne Pokal kann dem Sieg folgen oder auch nicht; Es ist nicht etwas, das untrennbar mit ihm verbunden ist – es kann etwas anderes gegeben werden oder vielleicht gar nichts.

Vielmehr ist der Himmel mit einem christlichen Leben verbunden, so wie das Lernen mit dem Studium verbunden ist; Deshalb nennen Theologen die Gnade den "Samen der Herrlichkeit". Wenn ich studiere, erwirke ich Wissen gerade durch diesen Akt; Die beiden sind untrennbar miteinander verbunden, und das eine ist die Frucht des anderen. Und in diesem Zusammenhang ist es gut, sich daran zu erinnern, dass der Himmel in der gegenwärtigen Verfassung der Welt Gottes nicht nur eine Belohnung ist, sondern in gewissem Sinne ein "Recht", das Recht der Erben – denn wir sind Erben des Himmelreiches kraft der Gabe der göttlichen Adoption in die Gottessohnschaft durch einen himmlischen Vater.

Auch die Hölle wird oft zu ausschließlich mit dem Begriff der Willkür erklärt. Sie wird als eine Art Strafe dargestellt, die nichts mit einem Leben in Sünde und dem Verzicht auf die Gabe Gottes zu tun hat. Die Hölle ist nicht mit einem bösen Leben verbunden, wie eine Tracht Prügel mit einem Akt des Ungehorsams, denn eine solche Strafe muss nicht notwendigerweise auf die Tat folgen, sondern die Hölle ist mit einem bösen Leben verbunden, genau so wie die Blindheit mit dem Ausreißen eines Auges verbunden ist. Wenn ich mein Auge verliere, bin ich notwendigerweise blind, und wenn ich mich gegen Gott auflehne, Seine Vergebung verweigere und in Sünde sterbe, muss ich die Hölle als Folge erleiden. Es gibt Gerechtigkeit im menschlichen Gesetz, und es gibt Gerechtigkeit im göttlichen Gesetz. Eine Sünde beinhaltet erstens die Abkehr von Gott, zweitens eine Hinwendung zu den Geschöpfen. Wegen des ersten Elements erleidet der Sünder den Schmerz des Verlustes oder den Entzug der seligen Vision. Wegen der Hinwendung zu den Geschöpfen erleidet der Sünder den Sinnesschmerz, der eine Strafe von geschaffenen Dingen für den Missbrauch von geschaffenen Dingen ist, und dies wird allgemein als "Höllenfeuer" bezeichnet. Der Unterschied zwischen dem Schmerz des Verlustes und dem Schmerz der Sinne besteht darin, dass der erstere durch die Abwesenheit von etwas, der zweite durch die Anwesenheit von etwas verursacht wird. Von den beiden Schmerzen ist der erste der schrecklichste, denn er ist die letzte und unaufhörliche Frustration des Verlangens eines unsterblichen Wesens; es ist das Fehlen des Ziels des Lebens; es ist das völlige Versagen, dass man nie wieder einen Anfang zulässt; es bedeutet, Gott zu wollen und sich doch selbst zu hassen, weil man Ihn will; Es ist ein Bitten, nie zu empfangen, ein Suchen, nie zu finden, ein Klopfen an ein Tor, das für immer verschlossen ist; es ist vor allem eine Leere, die durch die Abwesenheit des Lebens, der Wahrheit und der Liebe geschaffen wurde, nach denen sich die Seele ewig sehnt. Wie sehnsüchtig sehnen sich Seelen nach Leben; Wie zäh klammern sie sich selbst an einen Strohhalm, um vor dem Ertrinken zu retten! Wie sehr wünschen sie sich, das Leben bis in die Ewigkeit zu verlängern! Was muss es also sein, nicht ein langes Menschenleben, sondern das Leben alles Lebendigen zu vermissen! Es ist eine Art lebendiger Tod, wie das Aufwachen in einem Grab. Auch die Wahrheit ist das Verlangen der Seelen. Die Erkenntnis ist eine Leidenschaft, und der menschliche Entzug ihrer ist ein Schmerz, wie er uns so gewaltsam vor Augen geführt wird, wenn wir der Kenntnis eines Geheimnisses beraubt werden, an dem andere teilhaben. Was muss es also sein, nicht einer irdischen Wahrheit beraubt zu sein, nicht dessen, was wir vielleicht später lernen könnten, sondern der Wahrheit, außerhalb derer es überhaupt keine Wahrheit, kein Wissen und keine Weisheit gibt? Es wäre schlimmer als das irdische Leben ohne Sonne und Mond, eine Art höhlenartige Finsternis, in der man sich bewegt und weiß, dass man das Licht der Wahrheit hätte erkennen können, es aber nicht tun würde. Und schließlich, wie langweilig wäre ein irdisches Leben ohne die Zuneigung oder die Liebe der Eltern, Brüder, Schwestern und Freunde! Wie schwer würden unsere Herzen sein, wenn jedes andere Herz zu Stein würde!

53

Was muss es dann bedeuten, der Liebe beraubt zu sein, ohne die es keine Liebe gibt? Es bedeutet, dass einem das Herz gestohlen wird und man trotzdem ohne es leben kann.

Himmel und Hölle sind die natürlichen und untrennbaren Ergebnisse von guten und bösen Handlungen in der übernatürlichen Ordnung. Dieses Leben ist der Frühling; Das Urteil ist die Ernte. "Denn was ein Mensch säen wird, das wird er auch ernten. Denn wer in sein Fleisch sät, der wird auch vom Fleisch Verderben ernten. Wer aber im Geist sät, der wird das ewige Leben ernten."

Warum kommen Seelen in die Hölle? Letzten Endes kommen Seelen aus einem wichtigen Grund in die Hölle, und das ist – sie weigern sich zu lieben. Die Liebe verzeiht alles, außer einer Sache – der Verweigerung der Liebe. Ein junger Mann liebt ein Mädchen. Er lässt seine Zuneigung zu ihr kundtun, überschüttet sie mit Geschenken, schenkt ihr mehr als den gewöhnlichen Teil der Höflichkeiten des Lebens, aber seine Liebe wird zurückgewiesen. Er hält es rein und jagt danach, aber alles vergeblich; Sie stellt sich taub für sein Werben. Die Liebe, die so lange verleugnet und beiseite geschoben wurde, erreicht plötzlich einen Punkt, an dem sie ausruft: "Gut, die Liebe kann nicht mehr, ich bin jetzt fertig; Wir sind am Ende." Es hat den Punkt der Aufgabe erreicht.

Gott ist der göttliche Liebhaber. Als Hund des Himmels ist Er ständig auf der Jagd nach Seelen. Vor langer Zeit, in der Zeitlosigkeit der Ewigkeit, liebte Er uns mit einer Ewigen Liebe. Wenn die Zeit für eine einzelne Seele beginnt, gibt Er ihr die Reichtümer der Natur, beruft sie zum Adoptivsohn, nährt sie mit Seiner eigenen Substanz und macht sie zu einem Erben des Himmels. Aber diese Seele kann diese Güte bald vergessen, und doch vergisst Gott nicht zu lieben. Er verfolgt die Seele, sendet Unzufriedenheit tief in sie hinein, um sie zu Ihm zurückzubringen, schneidet zielstrebig ihren Weg ab, um Seine Gegenwart zu offenbaren, sendet Seine Botschafter zu ihr, überschüttet sie mit medizinischen Gnaden; und doch wird die göttliche Liebe verschmäht. Endlich öfter als siebzigmal sieben zurückgewiesen, gibt die göttliche Liebe die Verfolgung einer solchen Seele auf, die sich am Ende ihres Lebens von Ihm abwendet und ausruft: "Es ist vollbracht. Die Liebe kann nicht mehr tun." Und es ist eine schreckliche Sache, nicht geliebt zu werden, und vor allem nicht, von der Liebe geliebt zu werden. Das ist die Hölle. Die Hölle ist ein Ort, an dem es keine Liebe gibt.

# Über den Gedanken an den eigenen Tod

*Thomas à Kempis*

*Nachfolge Christi, Buch 1, Kapitel 23*

"Sehr schnell wird dein Leben hier enden; Überlegen Sie also, was an anderer Stelle auf Sie zukommen könnte.

"Ein Mann ist heute hier, und morgen ist er verschwunden. Und wenn er aus dem Blickfeld genommen wird, ist er schnell auch aus dem Sinn.

»Ach! die Stumpfheit und Härte des menschlichen Herzens, das nur an das denkt, was gegenwärtig ist, und sich nicht auf das Kommende freut.

Darum tue in jeder Tat und in jedem Gedanken, als ob du noch heute sterben würdest. Wenn du ein gutes Gewissen hättest, würdest du den Tod nicht sehr fürchten.

"Es wäre besser für euch, die Sünde zu vermeiden, als euch vor dem Tod zu fürchten.

"Wenn du heute nicht vorbereitet bist, wie wirst du dann morgen vorbereitet sein?

"Morgen ist ein ungewisser Tag; Und woher weißt du, dass du morgen noch am Leben sein wirst?

"Was nützt es, lange zu leben, wenn wir so wenig vorankommen?

»Ah! Ein langes Leben macht uns nicht immer besser, sondern trägt oft zu unserer Schuld bei.

"Hätten wir uns doch in dieser Welt gut benommen, auch nur einen Tag lang!

"Viele zählen die Jahre ihrer Bekehrung, aber oft sind die Früchte der Änderung gering." Wenn es schrecklich ist, zu sterben, wird es vielleicht gefährlicher sein, länger zu leben.

"Selig ist, wer immer die Stunde seines Todes vor Augen hat und sich jeden Tag zum Sterben bereit macht.

"Wenn du jemals einen Menschen sterben gesehen hast, denke daran, dass auch du den gleichen Weg gehen musst." Stell dir morgens vor, dass du vielleicht nicht bis zur Nacht lebst; Und wenn der Abend kommt, maße dir nicht an, dir den nächsten Morgen zu versprechen.

"Seid immer bereit und lebt so, dass der Tod euch nie unvorbereitet finden wird.

"Viele sterben plötzlich, und wenn sie wenig daran denken, denn der Menschensohn wird kommen in der Stunde, da er nicht gesucht wird " (Mt 24,44). Wenn die letzte Stunde kommen wird, dann wirst du anfangen, ganz andere Gedanken an dein ganzes vergangenes Leben zu haben; und du wirst außerordentlich betrübt sein, dass du so nachlässig und nachlässig warst.

"Wie glücklich und klug ist der, der sich bemüht, jetzt in diesem Leben ein solcher zu sein, wie er bei seinem Tode gefunden zu werden wünscht.

"Denn es wird einem Menschen eine große Zuversicht geben, glücklich zu sterben, wenn er eine vollkommene Verachtung der Welt hat, ein inbrünstiges Verlangen, in der Tugend voranzukommen, eine Liebe zur Zucht, den Geist der Buße, einen bereitwilligen Gehorsam, Selbstverleugnung und Geduld, alle Widrigkeiten aus Liebe zu Christus zu ertragen.

"Man kann viel Gutes tun, wenn man gesund ist; aber wenn du krank bist, weiß ich nicht, was du tun kannst.

"Nur wenige werden durch Krankheit gebessert; auch diejenigen, die viel ins Ausland reisen, werden selten heilig.

"Vertraue nicht auf deine Freunde und Verwandten und schiebe die Sorge für deine Seele nicht auf später; Denn wen wird es interessieren, wenn du fort bist?

"Es ist besser, jetzt rechtzeitig zu versorgen und etwas Gutes vor sich herzuschicken, als anderen zu vertrauen, die einem nach dem Tod helfen.

"Wenn du dich jetzt nicht um dein eigenes Wohlergehen kümmerst, wer wird sich dann darum kümmern, wenn du nicht mehr da bist?

"Die gegenwärtige Zeit ist sehr kostbar. Siehe, jetzt ist die Zeit der Genüge, siehe, jetzt ist der Tag der Erlösung (2. Korinther 6,2).

Aber es ist sehr zu beklagen, dass du diese Zeit nicht gewinnbringender verbringst, wo du dir das ewige Leben besser erkaufen könntest! Es wird die Zeit kommen, wo du einen Tag oder eine Stunde zur Besserung wünschen wirst, und ich weiß nicht, ob du sie erlangen wirst.

"O meine Geliebte, von welch großer Gefahr kannst du dich befreien; Von welch großer Furcht mögt ihr befreit werden, wenn ihr nur jetzt immer ängstlich seid und den Tod sucht!

Trachtet nun danach, so zu leben, dass ihr euch in der Stunde eures Todes eher freuen als fürchten werdet.

"Lerne nun, alles zu verachten, dass du dann anfängst, mit Christus zu leben. Lerne jetzt, der Welt zu sterben, damit du dann frei zu Christus gehen kannst.

"Züchtige deinen Leib jetzt durch Buße, damit du dann ein sicheres Vertrauen hast." Ach, du Narr! Warum glaubst du, lange zu leben, wenn du dir eines Tages nicht sicher bist?

"Wie viele, die glaubten, lange zu leben, sind getäuscht und unerwartet entrissen worden.

"Wie oft habt ihr gehört, dass ein solcher mit dem Schwert getötet wurde; ein anderer ertrank; ein anderer fiel von oben und brach ihm das Genick; Dieser Mann starb bei Tisch; dass der andere zu Ende ging, als er spielte?

"Einige sind durch Feuer umgekommen; einige mit dem Schwert; einige durch Pest; und einige von Räubern.

"So ist der Tod das Ende von allem, und das Leben des Menschen vergeht plötzlich wie ein Schatten.

"Wer wird sich an dich erinnern, wenn du tot bist, und wer wird für dich beten?

"Tue nun, Geliebter, tue jetzt alles, was du kannst, denn du weißt nicht, wann du sterben wirst, noch welches Schicksal nach dem Tode sein wird.

"Sammle für dich selbst die Reichtümer der Unsterblichkeit, solange du Zeit hast; Denke an nichts anderes als an deine Rettung; kümmere dich um nichts als um die Dinge Gottes.

"Finde dir jetzt Freunde, indem du die Heiligen Gottes ehrst, indem du ihre Taten nachahmst, damit sie, wenn du von diesem Leben scheidest, dich in ewige Wohnungen aufnehmen können.

»Bleibe ein Pilger und ein Fremder auf Erden, dem die Angelegenheiten dieser Welt nicht im geringsten gehören.

"Haltet euer Herz frei und emporgehoben zu Gott, denn ihr habt hier keine bleibende Heimat.

"Zu ihm richtet eure täglichen Gebete mit Seufzern und Tränen; damit dein Geist nach dem Tode würdig sei, glücklich zu unserem Herrn überzugehen. Amen."

# VIERTE MEDITATION

## DIE PFLICHT ZUR SELBSTVERLEUGNUNG

Selbstverleugnung auf die eine oder andere Weise ist, wie offensichtlich ist, in der Vorstellung von Erneuerung und heiligem Gehorsam selbst enthalten. Unser Herz zu verändern bedeutet, Dinge lieben zu lernen, die wir von Natur aus nicht lieben – die Liebe dieser Welt zu verlernen; Aber das bedeutet natürlich auch eine Vereitelung unserer natürlichen Wünsche und Geschmäcker. Gerecht und gehorsam zu sein bedeutet Selbstbeherrschung, aber um Macht zu besitzen, müssen wir sie erlangt haben; Wir können sie auch nicht ohne einen energischen Kampf, einen beharrlichen Kampf gegen uns selbst gewinnen. Allein die Vorstellung, religiös zu sein, impliziert Selbstverleugnung, weil wir von Natur aus die Religion nicht lieben."

"... Es ist unsere Pflicht, nicht nur uns selbst in dem zu verleugnen, was sündig ist, sondern sogar in einem gewissen Maße, in den erlaubten Dingen, selbst in unschuldigen Vergnügungen und Genüssen Zügel zu halten."

"... Das Fasten ist eindeutig eine christliche Pflicht, wie unser Heiland in seiner Bergpredigt andeutet. Was ist nun das Fasten anderes als das Unterlassen des Erlaubten; Nicht nur von dem, was sündig ist, sondern auch von dem, was unschuldig ist? – von dem Brot, das wir rechtmäßig nehmen und mit Danksagung essen dürfen, das wir aber zu gewissen Zeiten nicht nehmen, um uns selbst zu verleugnen. Wie zum Beispiel die christliche Selbstverleugnung – nicht nur eine Abtötung dessen, was sündig ist, sondern eine Enthaltsamkeit auch von Gottes Segen.

"Betrachten wir noch einmal die folgende Aussage unseres Erlösers: Er sagt uns zuerst: 'Wie eng und verschließt der Weg, der zum Leben führt! Und es gibt wenige, die es finden" (Matthäus 7,14). Und weiter: "Trachtet danach, durch das enge Tor einzutreten; denn viele, sage ich euch, werden den Eintritt suchen und werden es nicht können" (Lukas 13,24). Dann erklärt er uns, worin diese eigentümliche Schwierigkeit des Lebens eines Christen besteht: »Wenn jemand zu mir kommt und seinen Vater und seine Mutter, seine Frau und seine Kinder, seine Brüder und Schwestern, ja auch sein eigenes Leben nicht hasst, so kann er nicht mein Jünger sein« (Lk 14,26). Was nun genau damit gemeint ist (und ich will hier nicht aufhören, es zu untersuchen), so weit ist es offenbar, daß unser Herr ein gewisses Unterlassen nicht bloß von der Sünde, sondern auch von unschuldigen Bequemlichkeiten und Freuden dieses Lebens oder eine Selbstverleugnung in den erlaubten Dingen gebietet.

"Und wieder sagt er: 'Wer mir nachfolgen will, der verleugne sich selbst, nehme täglich sein Kreuz auf sich und folge mir nach' (Lukas 9,23). Hier zeigt er uns an seinem eigenen Beispiel, was christliche Selbstverleugnung ist. Es bedeutet, ein Kreuz nach Seinem Muster auf uns zu nehmen, nicht nur ein Unterlassen von der Sünde, denn Er hatte keine Sünde, sondern ein Verzicht auf das, was wir rechtmäßig gebrauchen dürfen. Das war der eigentümliche Charakter, in dem Christus auf die Erde kam. Es war diese spontane und überschwängliche Selbstverleugnung, die Ihn zu Fall brachte. Er, der eins mit Gott war, nahm unsere Natur auf sich und erlitt den Tod – und warum? um uns zu retten, die er nicht zu retten brauchte. So verleugnete er sich selbst und nahm sein Kreuz auf sich. Das ist gerade der Aspekt, worin sich Gott, wie er in der Schrift offenbart wird, von der Entfaltung seiner Herrlichkeit unterscheidet, die uns die Natur gibt: Macht, Weisheit, Liebe, Barmherzigkeit, Langmut – diese Eigenschaften, wenn sie auch in der Schrift viel vollständiger und klarer als in der Natur zum Ausdruck kommen, sind doch in ihrem Grade auf dem Antlitz der sichtbaren Schöpfung zu sehen; aber die Selbstverleugnung, wenn man das sagen darf, diese unbegreifliche Eigenschaft der göttlichen Vorsehung, offenbart sich uns erst in der Schrift. "Denn Gott hat die Welt so sehr geliebt, dass er seinen eingeborenen Sohn gab" (Johannes 3,16). Hier ist Selbstverleugnung. Und der Sohn Gottes hat euch so sehr geliebt, dass er 'reich geworden ist und um euretwillen arm geworden ist' (2 Kor 8,9). Hier ist die Selbstverleugnung unseres Erlösers. ›Er gefiel sich selbst nicht.‹«

"Das ist christliche Selbstverleugnung, und sie obliegt uns aus vielen Gründen. Der Christ verleugnet sich selbst in den erlaubten Dingen, weil er sich seiner eigenen Schwäche und Sündenschuld bewusst ist; Er wagt es nicht, am Rande eines Abgrunds zu wandeln; Anstatt bis zum Äußersten des Erlaubten zu gehen, hält er sich vom Bösen fern, um sicher zu sein. Er enthält sich, um nicht maßvoll zu sein, und er fastet, damit er nicht mit den Betrunkenen isst und trinkt. Wie man sieht, sind viele Dinge an sich richtig und unausweichlich, was bei einem schwachen und sündigen Geschöpf unzweckmäßig ist; Sein Fall ist wie der eines Kranken; Viele Arten von Nahrung, die gut für einen gesunden Menschen sind, sind schädlich, wenn er krank ist – Wein ist Gift für einen

Menschen in heftigem Fieber. Und so sind viele Handlungen, Gedanken und Gefühle, die bei Adam vor seinem Sündenfall zulässig gewesen wären, bei dem gefallenen Menschen schädlich oder gefährlich. Zum Beispiel ist Zorn an sich nicht sündig. Der heilige Paulus deutet dies an, wenn er sagt: "Seid zornig und sündigt nicht" (Eph 4,26). Und unser Heiland soll einmal zornig gewesen sein, und er war sündlos. Auch der allmächtige Gott ist zornig auf die Bösen. Zorn ist also an sich kein sündiges Gefühl; aber im Menschen, so wie er beschaffen ist, ist es so höchst gefährlich, sich ihr hinzugeben, dass die Selbstverleugnung hier eine Pflicht aus bloßer Klugheit ist. Es ist fast unmöglich für einen Menschen, nur so weit zornig zu sein, wie er es sein sollte; er wird die rechte Grenze überschreiten; Sein Zorn wird in Stolz, Verdrossenheit, Bosheit, Grausamkeit, Rache und Hass ausarten. Es wird seine kranke Seele entflammen und sie vergiften. Darum muss er sich davon enthalten, als ob sie an sich eine Sünde wäre (obwohl sie es nicht ist), denn sie ist es praktisch für ihn."

"Wenn wir gesund sind und uns in leichten Verhältnissen befinden, so hüten wir uns vor Übermut, Selbstgenügsamkeit, Eigendünkel, Hochmut, Zartheit des Lebens, Ablass, Luxus und Bequemlichkeit. Nichts ist so geeignet, unser Herz zu verderben und uns von Gott zu verführen, als wenn wir uns mit Annehmlichkeiten umgeben, dass wir die Dinge auf unsere Weise haben und dass wir Mittelpunkt einer Welt sind, sei es von belebten oder unbelebten Dingen, die uns dienen. Denn dann werden wir wiederum von ihnen abhängen; sie werden uns notwendig werden; Ihr Dienst und ihre Bewunderung werden uns dazu veranlassen, uns ihnen anzuvertrauen und sie zu vergöttern. Welche Beispiele gibt es in der Schrift von weichen, luxuriösen Männern! War es Abraham vor dem Gesetz, der ohne Zuhause durch seine Tage wanderte? Oder Mose, der das Gesetz gab und in der Wüste starb? oder David unter dem Gesetz, der "kein stolzes Aussehen hatte" und "wie ein entwöhntes Kind" war? Oder die Propheten in den letzten Tagen des Gesetzes, die in Schafs- und Ziegenfellen umherirrten? oder der Täufer, als das Evangelium es ablöste, der in ein Gewand aus Kamelhaar gekleidet war und die Speise der Wüste aß? Oder die Apostel, die "der Abschaum aller Dinge" waren? Oder unser seliger Heiland, der 'keinen Platz hatte, um sein Haupt zu legen'? Wer sind die weichen, luxuriösen Männer in der Bibel? Da war der reiche Mann, der "jeden Tag prächtig lebte" und dann "seine Augen in der Hölle erhob und in Qualen war". Da war jener andere, dessen "Boden reichlich hervorgebracht hat" und der sagte: "Seele, du hast viele Güter für viele Jahre aufbewahrt";

und seine Seele wurde in dieser Nacht von ihm verlangt. Da war Demas, der den heiligen Paulus verließ, "weil er diese gegenwärtige Welt geliebt hatte"! Und ach! Da war jener hochbegnadete, göttlich inspirierte König, reich und weise Salomo, dem es nichts nützte, die Erde zu messen und ihre Bewohner zu zählen, als er in seinem Alter 'viele fremde Frauen liebte' und ihre Götter anbetete."

"Ihr braucht nicht zu versuchen, eine genaue Grenze zu ziehen zwischen dem, was sündig ist, und dem, was nur erlaubt ist: Schaut auf zu Christus und verleugnet euch alles, was immer sein mag, von dem ihr glaubt, dass Er von euch will, dass ihr es aufgibt. Ihr braucht nicht zu rechnen und zu messen, wenn ihr viel liebt: ihr braucht euch nicht mit Merkwürdigkeiten zu verwirren, wenn ihr das Herz habt, Ihm nachzugehen. Es stimmt, dass es manchmal Schwierigkeiten geben wird, aber sie werden selten auftreten. Er befiehlt dir, dein Kreuz auf dich zu nehmen; Nehmt daher die täglichen Gelegenheiten an, die sich bieten, wenn ihr anderen nachzugeben braucht, wenn ihr nicht nachzugeben braucht, und unangenehme Dienste zu tun, die ihr vielleicht meidet. Er befiehlt denen, die am höchsten sein wollen, als die Niedrigsten zu leben: darum wendet euch ab von ehrgeizigen Gedanken und entschließt euch (soweit ihr es religiös vermögt) dagegen, eure Autorität und Herrschaft zu übernehmen. Er befiehlt euch, zu verkaufen und Almosen zu geben; Hassen Sie es daher, Geld für sich selbst auszugeben. Schließe deine Augen zum Lob, wenn es laut wird, richte dein Angesicht wie einen Feuerstein, wenn die Welt spottet, und lächle über ihre Drohungen. Lerne, dein Herz zu beherrschen, wenn es in Heftigkeit ausbricht oder einen unfruchtbaren Kummer verlängert oder sich in unzeitgemäßer Zärtlichkeit auflöst. Zügele deine Zunge und wende dein Auge ab, damit du nicht in Versuchung gerätst. Meiden Sie die gefährliche Luft, die Sie entspannt, und stützen Sie sich auf die Höhe. Seid "eine lange Zeit vor dem Tag" zum Gebet wach und sucht den wahren, euren einzigen Bräutigam "nachts auf eurem Bett". So wird dir die Selbstverleugnung ganz natürlich werden, und eine Veränderung wird sanft und unmerklich über dich kommen; und wie Jakob wirst du dich in die Einöde legen, und du wirst bald Engel sehen und dir den Weg in den Himmel öffnen."

# Vom Gericht und der Bestrafung der Sünder

*Thomas à Kempis*

*Nachfolge Christi, Buch 1, Kapitel 24*

"Sehet in allen Dingen auf das Ende, und wie ihr fähig sein werdet, vor einem strengen Richter zu stehen, vor dem nichts verborgen ist, der keine Bestechungsgelder annimmt und keine Entschuldigungen annimmt, sondern das Gerechte richten wird.

"O elendster und törichtester Sünder, was wirst du Gott antworten, der alle deine Sünden kennt; Ihr, die ihr manchmal Angst vor den Blicken eines wütenden Mannes habt?

"Warum sorgt ihr nicht für euch vor für den Tag des Gerichtes, wo kein Mensch von einem andern entschuldigt oder verteidigt werden kann, sondern jeder genug zu tun haben wird, um sich selbst zu verantworten?

"Gegenwärtig ist deine Arbeit nutzbringend, deine Tränen sind annehmbar, deine Seufzer werden erhört werden, und dein Kummer ist befriedigend und kann deine Sünden wegwischen.

"Ein geduldiger Mensch hat ein großes und heilsames Fegefeuer, der, wenn er Verletzungen erleidet, mehr um die Sünde eines anderen Menschen besorgt ist als um sein eigenes Unrecht; der bereitwillig für seine Gegner betet und von Herzen Beleidigungen vergibt; der zögert, andere nicht um Vergebung zu bitten; der leichter zum Mitleid als zum Zorn bewegt wird; der sich selbst oft Gewalt anwendet und sich bemüht, das Fleisch ganz dem Geist zu unterwerfen.

"Es ist jetzt besser, unsere Sünden zu beseitigen und Laster auszurotten, als sie für die spätere Reinigung aufzuheben.

"Wahrlich, wir täuschen uns selbst durch die übermäßige Liebe, die wir unserem Fleisch entgegenbringen.

"Wovon soll sich das Feuer sonst ernähren als von deinen Sünden?

"Je mehr du dich jetzt schonst und dem Fleisch folgst, desto schwerer wirst du später leiden, und desto mehr Brennstoff wirst du für dieses Feuer aufbringen.

"In welchen Dingen hat ein Mensch mehr gesündigt, in denen wird er schwerer bestraft werden?

"Dort werden die Faulen mit brennenden Stacheln nach vorne gestochen, und die Vielfraße werden von äußerstem Hunger und Durst gequält.

"Dort werden die Luxuriösen und die Liebhaber des Vergnügens über und über mit brennendem Pech und stinkendem Schwefel bedeckt sein; Und die Neidischen werden wie verrückte Hunde vor Kummer heulen.

"Es gibt kein Laster, das nicht dort seine rechte Qual haben wird.

"Dort werden die Stolzen mit aller Verwirrung erfüllt werden, und die Habgierigen werden mit dem elendesten Hunger geglättet.

"Dort wird eine Stunde des Leidens schärfer sein als hundert Jahre, die hier in der strengsten Buße verbracht werden.

"Es gibt keine Ruhe, keinen Trost für die Verdammten; Aber hier gibt es manchmal eine Unterbrechung der Arbeit, und wir werden von unseren Freunden getröstet.

"Seid gegenwärtig vorsichtig und betrübt über eure Sünden, damit ihr am Tag des Gerichts bei den Seligen sicher seid.

"Denn dann werden die Gerechten mit großer Standhaftigkeit stehen gegen die, die sie bedrängt und unterdrückt haben" (Wis. 5,1).

Dann wird der zum Richter stehen, der sich nun demütig dem Urteil der Menschen unterwirft.

"Dann werden die Armen und Demütigen großes Vertrauen haben, und die Stolzen werden sich von allen Seiten fürchten."

"Lerne jetzt, kleine Dinge zu leiden, damit du dann von schwereren Leiden befreit wirst.

"Probiere zuerst hier aus, was du später nicht erleiden kannst.

"Wenn du nun so wenig ertragen kannst, wie wirst du dann ewige Qualen ertragen können?

"Wenn dich jetzt ein kleines Leiden so ungeduldig macht, was wird dann das Höllenfeuer später anrichten?

"Gewiss, du kannst nicht dein Wohlgefallen in dieser Welt haben und nachher mit Christus regieren.

# über die Entschlossenheit, unser ganzes Leben zu ändern

*Thomas à Kempis*

*Nachfolge Christi, Buch 1, Kapitel 25*

"Wenn du bis auf den heutigen Tag immer in Ehren und Vergnügungen gelebt hättest, was würde es dir nützen, wenn du jetzt in einem Augenblick sterben würdest?

"Alles ist also Eitelkeit, außer Gott zu lieben und Ihm allein zu dienen!

"Denn wer Gott von ganzem Herzen liebt, fürchtet weder den Tod, noch die Strafe, noch das Gericht, noch die Hölle; denn die vollkommene Liebe gibt einen sicheren Zugang zu Gott.

"Wer aber noch Freude an der Sünde hat, der ist kein Wunder, wenn er sich vor Tod und Gericht fürchtet." Es ist jedoch gut, daß, wenn die Liebe dich noch nicht vom Bösen zurückfordert, dich wenigstens die Furcht vor der Hölle zurückhält.

"Wer aber die Furcht Gottes ablegt und wer nicht lange im Guten verharren kann, sondern wird schnell in die Schlingen des Teufels geraten."

"Vertraue auf den Herrn und tue Gutes, spricht der Prophet, und bewohne das Land, so wirst du gespeist werden mit seinen Reichtümern (Psalm 36,3).

"Es gibt eine Sache, die viele von geistigem Fortschritt und eifriger Veränderung des Lebens abhält, und das ist die Befürchtung von Schwierigkeiten oder die Arbeit, die in diesem Konflikt auf sich genommen werden muss.

"Und in der Tat fördern sie vor allen andern am meisten in der Tugend, die sich mannhaft bemühen, das zu überwinden, was ihnen lästiger oder widerspenstiger ist.

"Denn dort macht der Mensch größere Fortschritte und verdient größere Gnade, wo er sich mehr überwindet und sich im Geiste abtötet.

"Aber nicht alle Menschen haben gleichermaßen zu überwinden und zu demütigen.

"Doch wer fleißig und eifrig ist, obwohl er mehr Leidenschaften zu bekämpfen hat, wird einen größeren Fortschritt machen können als ein anderer, der weniger

Leidenschaften hat, aber dennoch weniger eifrig nach Tugend strebt.

"Zwei Dinge führen besonders zu einer großen Besserung: das ist, sich gewaltsam von dem zurückzuziehen, wozu die Natur lasterhaft neigt, und ernsthaft für das Gute zu arbeiten, das man am meisten begehrt."

# FÜNFTE MEDITATION

## GOTT IN DER WELT DIE EHRE GEBEN

*St. John Henry Newman*

*Kirchliche und einfache Predigten, Band 8, Predigt 11*

"Wenn Menschen davon überzeugt sind, dass das Leben kurz ist, dass es keinem großen Zweck gewachsen ist, dass es den wahren Christen nicht angemessen entfaltet oder zur Vollkommenheit bringt, wenn sie fühlen, dass das nächste Leben alles in allem ist und dass die Ewigkeit das einzige Thema ist, das wirklich Anspruch erheben oder ihre Gedanken erfüllen kann, dann neigen sie dazu, dieses Leben ganz zu unterschätzen und seine wirkliche Bedeutung zu vergessen. Sie neigen dazu, die Zeit, die sie hier verbringen, in einer positiven Trennung von tätigen und gesellschaftlichen Pflichten zu verbringen; doch sollte man sich daran erinnern, dass die Beschäftigungen dieser Welt, wenn auch nicht himmlisch, doch doch der Weg zum Himmel sind – wenn auch nicht die Frucht, so doch der Same der Unsterblichkeit

– und wertvoll sind. wenn auch nicht an sich selbst, so doch für das, wozu sie führen: aber es ist schwer, dies zu begreifen.

Es ist schwierig, beide Wahrheiten auf einmal zu erkennen und beide Wahrheiten miteinander zu verbinden; beständig über das kommende Leben nachzudenken und doch in diesem zu handeln. Diejenigen, die meditieren, vernachlässigen wahrscheinlich die tätigen Pflichten, die ihnen in der Tat obliegen, und verweilen bei dem Gedanken an Gottes Herrlichkeit, bis sie vergessen, zu Seiner Ehre zu handeln. Diese Gemütsverfassung wird in den Worten der heiligen Engel an die Apostel getadelt, wenn sie sagen: "Männer aus Galiläa, warum steht ihr da und schaut zum Himmel empor?" (Apostelgeschichte 1:11)

"Auf verschiedene Weise führt der Gedanke an die nächste Welt die Menschen dazu, ihre Pflicht darin zu vernachlässigen; Und wann immer dies geschieht, können wir sicher sein, dass etwas falsch und unchristlich ist, nicht in ihrem Denken an die nächste Welt, sondern in ihrer Art, über sie zu denken. Denn wenn auch die Betrachtung der Herrlichkeit Gottes zu gewissen Zeiten und zu gewissen Personen die tätigen Beschäftigungen des Lebens zulässig beeinträchtigen kann, wie es bei den Aposteln der Fall war, als unser Heiland auffuhr, und obwohl uns eine solche

Betrachtung sogar zu bestimmten Zeiten eines jeden Tages frei erlaubt oder geboten wird, so ist das doch keine wirkliche und wahre Betrachtung über Christus. sondern eine Fälschung, die uns unsere Zeit vergeuden läßt oder gewohnheitsmäßig träge wird, oder die uns von unseren bestehenden Pflichten abzieht oder uns beunruhigt.«

"Ich spreche von Fällen, in denen es die Pflicht eines Menschen ist, in seiner weltlichen Berufung zu bleiben, und wenn er in ihr verharrt, aber wenn er mit ihr unzufrieden ist, während er dies fühlen sollte, dass er, während er in ihr ist, Gott verherrlichen soll, nicht aus ihr, sondern in ihr und durch sie, nach der Weisung des Apostels: "nicht träge im Eifer; Seid inbrünstig im Geist und dient dem Herrn" (Röm 12,11). Dem Herrn Jesus Christus, unserem Heiland, ist am besten und mit dem inbrünstigsten Geist gedient, wenn die Menschen nicht träge im Geschäft sind, sondern ihre Pflicht in dem Lebensstand tun, in den Gott sie berufen hat."

"... So schlimm es auch ist, träge und gleichgültig in unseren weltlichen Pflichten zu sein und über diese Religion Rechenschaft abzulegen, so ist es doch viel schlimmer, Sklaven dieser Welt zu sein und unser Herz in den Angelegenheiten dieser Welt zu haben... Ich meine jenen ehrgeizigen Geist, um ein großes Wort zu gebrauchen, aber ich kenne kein anderes Wort, um meine Bedeutung auszudrücken – jenen niedrigen Ehrgeiz, der jeden auf der Suche nach Erfolg und Aufstieg im Leben macht, Geld anhäuft, Macht gewinnt, seine Rivalen niederdrückt, über seine bisherigen Vorgesetzten triumphiert, eine Konsequenz und eine Vornehmheit hervorruft, die er vorher nicht besaß.

sich zu eigen zu machen, eine Meinung über hohe Dinge zu haben, so zu tun, als ob er sich ein Urteil über heilige Dinge bildete, seine Religion zu wählen, nach seinem Geschmack zu billigen und zu verurteilen, sich an ausgedehnten Maßnahmen zum vermeintlichen zeitlichen Nutzen der Gemeinschaft zu beteiligen, der Vision großer Dinge, die kommen werden, zu frönen, Große Verbesserungen, große Wunder: alles Große, alles Neue - dieser furchtbar irdische und kriechende Geist ist wahrscheinlich, ach! sich immer mehr unter unseren Landsleuten auszudehnen – ein intensives, schlafloses, rastloses, nie ermüdendes, nie befriedigtes Streben nach dem Mammon in der einen oder anderen Gestalt, unter Ausschluss aller tiefen, alles heiligen, aller ruhigen, aller ehrfürchtigen Gedanken. Dies ist der Geist, in dem sich die Menschen mehr oder weniger (je nach ihren verschiedenen Temperamenten) gewöhnlich mit den Angelegenheiten dieser Welt beschäftigen; und ich wiederhole es: besser, weit besser, wenn man sich ganz von der Welt zurückziehen würde, als sich so mit ihr zu beschäftigen – besser mit Elia in die Wüste zu fliegen, als Baal und Aschtoreth in Jerusalem zu dienen."

"Aber gewiss ist es möglich, 'dem Herrn zu dienen', aber nicht träge zu sein in Geschäften; nicht zu sehr ihr ergeben, aber auch nicht, um sich von ihr zurückzuziehen. Wir können alles tun, was immer wir vorhaben, zu Gottes Ehre; Wir können alles von Herzen tun, was den Herrn und nicht den Menschen betrifft, indem wir sowohl tätig als auch nachdenklich sind, und nun will ich einige Beispiele anführen, um zu zeigen, was ich meine.

"'Tut alles zur Ehre Gottes', sagt der heilige Paulus im Text; ja, ob ihr esst oder trinkt" (1. Korinther 10,31); so dass es scheint, als sei nichts zu gering oder zu unbedeutend, um Ihn zu verherrlichen. Wir nehmen also an, den eben erwähnten Fall zu nehmen; Wir nehmen einen Menschen an, der in letzter Zeit ernstere Gedanken gehabt hat als früher und sich entschließt, religiöser zu leben. Infolge der Wendung, die sein Geist genommen hat, empfindet er einen Widerwillen gegen seine weltliche Beschäftigung, sei es im Handel oder in einer mechanischen Beschäftigung, die wenig Bewegung des Geistes zulässt Er fühlt jetzt, dass er lieber in einem anderen Geschäft sein würde, obgleich seine jetzige Beschäftigung an sich ganz rechtmäßig und Gott wohlgefällig ist. Der schlecht unterrichtete Mensch wird sofort ungeduldig werden und aufhören; oder wenn er es nicht aufgibt, wird er zumindest nachlässig und träge darin sein. Aber der wahre Büßer wird sich sagen: Nein; Wenn es eine lästige Beschäftigung ist, um so mehr passt sie mir. Ich verdiene nichts Besseres. Ich verdiene es nicht, auch nur mit Hülsen gefüttert zu werden. Ich bin verpflichtet, meine Seele für vergangene Sünden zu betrüben. Wenn ich in Sack und Asche ginge, wenn ich von Brot und Wasser leben würde, wenn ich Tag für Tag die Füße der Armen waschen würde, wäre das keine allzu große Demütigung; und der einzige Grund, warum ich es nicht tue, ist, dass ich keine Berufung auf diese Weise habe, es würde protzig aussehen. Gern werde ich dann eine Unannehmlichkeit begrüßen, die mich auf die Probe stellen wird, ohne dass es jemand weiß. Weit davon entfernt, zu bereuen, werde ich durch Gottes Gnade fröhlich über das hergehen, was mir nicht gefällt. Ich werde mich selbst verleugnen. Ich weiß, dass mit Seiner Hilfe das, was an sich schmerzhaft ist, so angenehm sein wird, wie es Ihm gegenüber geschieht. Ich weiß wohl, dass es keinen Schmerz gibt, der nicht durch den Gedanken an ihn und durch seine Gnade und durch die starke Entschlossenheit des Willens angenehm ertragen werden kann; ja, niemand außer kann mich beruhigen und trösten. Sogar der natürliche Geschmack und Geruch kann dazu gebracht werden, das zu mögen, was sie von Natur aus nicht mögen; Selbst bittere Arzneien, die dem Gaumen ekelerregend sind, können mit einem entschiedenen Willen erträglich werden. Ja, selbst Leiden und Qualen, wie sie Märtyrer erduldet haben, sind schon früher aus Liebe zu Christus bewundert und von Herzen umarmt worden. Ich werde dann, ein Sünder, diese leichte Unannehmlichkeit großmütig hinnehmen, erfreut über die Gelegenheit, mich zu disziplinieren, und mit Selbsterniedrigung, als ob ich einer strengen Buße bedürfe. Wenn es in meinem Beruf Dinge gibt, die ich besonders nicht mag, wenn er viel Bewegung erfordert und ich zu Hause sein möchte, oder wenn es eine sitzende Tätigkeit ist und ich in Bewegung sein möchte, oder wenn es ein frühes Aufstehen erfordert, und ich gerne spät aufstehe, oder wenn es mich einsam macht, und ich bin gern mit Freunden zusammen, all dieser unangenehme Teil, soweit es mit meiner Gesundheit vereinbar ist, und damit er mir nicht wahrscheinlich eine Falle ist, werde ich nach Vorliebe wählen. Auch hier sehe ich, dass meine religiösen Ansichten ein Hindernis für mich sind. Ich sehe, dass Personen mir gegenüber misstrauisch sind. Ich sehe, dass ich die Menschen durch meine Gewissenhaftigkeit beleidige. Ich sehe, dass man, um im Leben voranzukommen, weit mehr Hingabe an meine weltlichen Angelegenheiten erfordert, als ich in Übereinstimmung mit meiner Pflicht vor Gott aufbringen kann, oder ohne dass es mir zu einer Versuchung wird. Ich weiß, dass ich meine Religion ihr nicht opfern darf und (so Gott will) ich auch nicht opfern werde. Meine religiösen Jahreszeiten und Stunden sollen meine eigenen sein. Ich werde keines der weltlichen Geschäfte und Praktiken, der übertriebenen Wege, der schmutzigen Handlungen, denen andere frönen, dulden. Und wenn ich dadurch im Leben zurückgeworfen werde, wenn ich weniger Gewinne mache oder Freunde verliere und so verachtet werde und andere in der Welt aufsteigen sehe, während ich bleibe, wo ich war, so schwer dies auch zu ertragen ist, so ist das eine Demütigung, die mir als Vergeltung für meine Sünden und im Gehorsam gegen Gott zuteil wird; Und es ist ein sehr geringer, bloß der weltlichen Erfolge beraubt zu sein, oder vielmehr ein Gewinn zu sein. Und das mag die Art und Weise sein, in der der allmächtige Gott mir, wenn es Sein gesegneter Wille ist, die Möglichkeit machen wird, meine jetzige Beschäftigung zu verlassen. Aber lassen Sie es ohne einen Ruf von Gott, das darf ich gewiss nicht. Im Gegenteil, ich werde darin arbeiten, um so fleißiger, als es mir höhere Pflichten erlauben.« "

"Dankbarkeit gegenüber dem allmächtigen Gott, nein, und das innere Leben des Geistes selbst werden weitere Grundsätze sein, die den Christen veranlassen, eifrig in seiner Berufung zu arbeiten. Er wird Gott in allen Dingen sehen. Er wird sich an das Leben unseres Erlösers erinnern. Christus wurde zu einem demütigen Gewerbe erzogen. Wenn er in den Seinen arbeitet, wird er an seinen Herrn und Meister in den Seinen denken. Er wird sich erinnern, dass Christus nach Nazareth hinabstieg und seinen Eltern unterworfen war, dass er lange Wege ging, dass er die Hitze der Sonne und den Sturm ertrug und keinen Ort hatte, wo er sein Haupt hinlegen sollte. Er weiß ferner, dass die Apostel vor ihrer Berufung verschiedene Beschäftigungen in dieser Welt hatten; Der heilige Andreas und der heilige Petrus Fischer, der heilige Matthäus ein Steuereintreiber und der heilige Paulus ist auch nach seiner Berufung noch Zeltmacher. Darum wird er sich bemühen, in allem, was über ihn kommt, das Antlitz seines Heilandes zu erkennen und gleichsam zu betrachten. Er wird fühlen, dass die wahre Betrachtung dieses Heilandes in seinen weltlichen Geschäften liegt; dass, wie Christus in den Armen, in den Verfolgten und in den Kindern gesehen wird, so wird er auch in den Beschäftigungen gesehen, die er seinen Auserwählten auferlegt, wie sie auch sein mögen; dass er, indem er seiner eigenen Berufung folgt, Christus begegnet; daß, wenn er sie vernachlässigt, er sich darum nicht mehr seiner Gegenwart erfreuen wird, sondern daß er, während er sie verrichtet, Christus inmitten der gewöhnlichen Handlungen des Tages wie durch eine Art Sakrament seiner Seele offenbart sehen wird. Und so wird er sein weltliches Geschäft als ein Geschenk von Ihm annehmen und es als solches lieben."

Ferner wird er seine weltlichen Geschäfte als ein Mittel benutzen, um sich von eitlen und nutzlosen Gedanken abzuhalten. Eine Ursache dafür, dass das Herz Böses ersannt, ist, dass ihm Zeit dazu gegeben wird. Dem Menschen, der seine täglichen Pflichten erfüllt, der seine Zeit Stunde um Stunde darauf verwendet, wird eine Menge von Sünden erspart, die keine Zeit haben, sich seiner zu bemächtigen. Das Grübeln über empfangene Beleidigungen, oder die Sehnsucht nach etwas Ungewährtem, oder das Bedauern über Verluste, die uns widerfahren sind, oder über den Verlust von Freunden durch den Tod, oder die Anfälle unreiner und schändlicher Gedanken, das alles wird von dem ferngehalten, der darauf bedacht ist, fleißig und gut beschäftigt zu sein. Die Muße ist der Anlass allen Übels. Müßiggang ist der erste Schritt auf dem Weg nach unten, der in die Hölle führt. Wenn wir keine Beschäftigung finden, mit der wir unseren Geist beschäftigen können, wird Satan mit Sicherheit seine eigene Beschäftigung für sie finden. Hier sehen wir die Verschiedenheit der Motive, mit denen ein religiöser und ein weltlich gesinnter Mensch dasselbe tun können. Nehmen wir an, ein Mensch hat ein trauriges Leiden erlitten, sagen wir einen Trauerfall: Die Menschen dieser Welt, die kein Vergnügen an der Religion haben und nicht gerne über einen unwiederbringlichen Verlust nachdenken, um das Nachdenken zu ertränken, widmen sich weltlichen Beschäftigungen, um ihre Gedanken abzulenken und die Finsternis zu vertreiben. Der Christ tut unter denselben Umständen dasselbe, aber aus Furcht, er könnte nicht durch unfruchtbaren Kummer nachlassen und sein Gemüt schwächen; aus der Furcht, unzufrieden zu werden; aus dem Glauben, dass er Gott besser gefällt und seinen Frieden besser sichern kann, wenn er keine Zeit verliert; aus dem Gefühl, dass er, weit entfernt, diejenigen zu vergessen, die er durch dieses Handeln verloren hat, den Gedanken an sie nur um so wirklicher und religiöser genießen wird.

Endlich sehen wir, welches Urteil wir in einer zuweilen aufgeregten Frage fällen sollen, ob man sich am Ende des Lebens von seinen weltlichen Geschäften zurückziehen sollte, um seine Gedanken mehr Gott zu überlassen. Es ist so natürlich, dies zu wünschen, dass ich annehme, dass es niemanden gibt, der es nicht wünschen würde. Sehr vielen Menschen ist dieses Privileg nicht gestattet, sehr vielen wird es durch zunehmende Gebrechen oder hohes Alter gewährt; aber jeder, so glaube ich, würde, wenn er wählen dürfte, es für ein Vorrecht halten, es zu dürfen, obwohl es vielen schwer fallen würde, zu bestimmen, wann der geeignete Zeitpunkt gekommen ist. Aber betrachten wir, was der Grund für diesen so natürlichen Wunsch ist. Ich fürchte, dass es oft kein religiöser Wunsch ist, oft nur teilweise religiös. Ich fürchte, eine große Anzahl von Menschen, die sich aus dem Weltgeschäft zurückziehen wollen, tun dies in der Vorstellung, dass sie sich dann ein wenig amüsieren könnten, wie es der Reiche im Evangelium getan hat, der sagte: "Seele, du hast viele gute Dinge für viele Jahre aufbewahrt" (Lukas 12,19). Wenn dies das vorherrschende Ziel von irgendjemandem ist, brauche ich natürlich nicht zu sagen, dass es eine Todsünde ist, denn Christus selbst hat es gesagt. Es gibt andere, die von einem gemischten Gefühl beseelt sind; Sie sind sich bewusst, dass sie der Religion nicht so viel Zeit widmen, wie sie sollten; sie leben nicht nach der Regel; ja, sie sind nicht zufrieden mit der Richtigkeit oder Aufrichtigkeit einiger Sitten oder Gebräuche, die ihre Lebensweise von ihnen verlangt, und sie werden im Laufe des Lebens des tätigen Geschäfts müde und wünschen sich zu behaglich. So betrachten sie ihre letzten Jahre als eine Zeit des Ruhestands, in der sie sich sowohl amüsieren als auch auf den Himmel vorbereiten können. Und so befriedigen sie sowohl ihr Gewissen als auch ihre Liebe zur Welt. Gegenwärtig ist ihnen die Religion lästig; aber dann, wie sie hoffen, werden Pflicht und Vergnügen Hand in Hand gehen. Lassen wir nun alle anderen Irrtümer beiseite, die eine solche Gemütsverfassung bezeugt, so sei bemerkt, dass wenn sie gegenwärtig Gott nicht mit ganzem Herzen dienen, sondern sich auf eine Zeit freuen, in der sie es tun werden, es klar ist, dass sie, wenn sie endlich weltliche Sorgen beiseite legen und sich Gott zuwenden, wenn sie es jemals tun, muss diese Zeit notwendigerweise eine Zeit tiefer Demütigung sein, wenn sie für Ihn annehmbar sein soll, nicht ein bequemer Ruhestand. Wer hat schon von einer angenehmen, leichten, freudigen Buße gehört? Es ist ein Widerspruch in sich. Diese Männer müssen, wenn sie nur einen Augenblick nachdenken, bekennen, dass ihre gegenwärtige Lebensweise, wenn sie nicht so streng wäre, wie sie sein sollte, darin besteht, Tränen und Stöhnen für ihre letzten Jahre zu häufen, nicht aus Vergnügen. Je länger sie so leben wie bisher, desto unwahrscheinlicher ist es nicht nur, dass sie überhaupt Buße tun; Aber selbst wenn sie es tun, muss ihre Reue umso bitterer sein, desto schmerzlicher muss sie sein. Der einzige Weg, dem Leiden für die Sünde im Jenseits zu entkommen, besteht darin, hier dafür zu leiden. Kummer hier oder Elend im Jenseits; sie können weder dem einen noch dem anderen entkommen.

"Nicht aus irgendwelchen weltlichen Gründen, nicht aus anmaßenden oder ungläubigen Motiven, verlangt der Christ Muße und Zurückgezogenheit für seine letzten Jahre. Ja, er wird sich damit begnügen, mit diesen Segnungen zu tun, und der höchste Christ von allen ist der, dessen Herz so sehr an Gott gebunden ist, dass er es nicht wünscht oder braucht; dessen Herz so sehr auf die Dinge oben gerichtet ist, daß die Dinge unten ihn ebensowenig erregen, aufwühlen, beunruhigen, beunruhigen und verführen, wie sie den Lauf der Natur aufhalten, wie sie Sonne und Mond aufhalten oder Sommer und Winter wechseln. Das waren die Apostel, die als die Himmelskörper zu "allen Nationen" auszogen, voll Geschäften und doch auch voll süßer Eintracht, bis an die

Grenzen der Erde. Ihre Berufung war himmlisch, aber ihre Arbeit war irdisch; Sie waren bis zuletzt in Arbeit und Mühe; doch bedenken Sie, wie ruhig der heilige Paulus und der heilige Petrus in ihren letzten Tagen schreiben. Dem heiligen Johannes dagegen war es in großem Maße gestattet, sich von den Sorgen seiner pastoralen Aufsicht zurückzuziehen, und das, sage ich, wird der natürliche Wunsch eines jeden religiösen Mannes sein, mag sein geistlicher oder weltlicher Dienst sein; aber nicht, um seinen Sinn auf Gott zu richten, sondern bloß deshalb, weil er, obgleich er Gott ebenso wahrhaftig betrachten und im Herzen ebenso heilig sein mag in tätigen Geschäften wie in der Stille, so ist es doch schicklicher und angemessener, dem Schlag des Todes (wenn er uns gestattet ist) schweigend, kollektiv, feierlich zu begegnen, als in einer Menge und einem Tumult. Und so ist es unter anderem, dass wir in der Litanei darum beten, "vom plötzlichen Tod" befreit zu werden.

"Im Großen und Ganzen läuft also das, was ich gesagt habe, darauf hinaus, dass Adam zur Strafe zur Arbeit verurteilt wurde, Christus sie durch sein Kommen als Mittel der Gnade und als ein Opfer der Danksagung geheiligt hat, ein Opfer, das freudig dem Vater in seinem Namen dargebracht werden soll."

"Möge Gott uns in unseren verschiedenen Bereichen und Stationen die Gnade geben, seinen Willen zu tun und seine Lehre zu schmücken; damit wir, ob wir essen und trinken, fasten und beten, mit unseren Händen oder mit unserem Verstand arbeiten, umherziehen oder in Ruhe bleiben, den verherrlichen, der uns mit seinem eigenen Blut erkauft hat!"

### Gebet für die Stürme des Lebens

(Aus der Raccolta)

"Du siehst, o Herr, wie von allen Seiten die Winde auf uns losgelassen werden und das Meer durch das heftige Aufwühlen der Wellen rauer wird. Tu du, flehen wir Dich an, der Du allein fähig bist, die Winde und die Wellen zu beherrschen. Gib der Menschheit jenen wahren Frieden zurück, den die Welt nicht geben kann, den Frieden, der aus guter Ordnung kommt. Lass die Menschen, von deiner Gnade getrieben, zu einem rechten und geordneten Lebenswandel zurückkehren und wieder, wie sie es sollten, die Liebe zu Gott, Gerechtigkeit und Nächstenliebe im Umgang mit ihrem

Nächsten, Mäßigung und Selbstbeherrschung in ihrem eigenen Leben üben. Möge Dein Reich kommen, und mögen diejenigen, die jetzt vergeblich und mühsam nach Wahrheit und Heil suchen, fern von Dir, einsehen, dass sie als Deine Diener in Unterwerfung unter Dir leben müssen. Deine Gesetze zeigen deine Gerechtigkeit und väterliche Sanftmut, und damit wir sie halten können, gibst du durch deine Gnade freigiebig die bereitstehenden Mittel. Das Leben des Menschen auf Erden ist ein Krieg, aber "Du siehst selbst den Kampf, Du hilfst dem Menschen zu siegen, richte ihn auf, wenn er fällt, und krönst ihn, wenn er siegt." "

# Ein Gebet, dass Gottes Wille geschehe

*Thomas à Kempis*

*Nachfolge Christi, Buch 3, Kapitel 15*

"Gewähre mir deine Gnade, barmherziger Jesus, damit sie mit mir sei, und fahre mit mir fort bis zum Ende.

"Gib mir, dass ich immer das will und begehre, was dir am wohlgefälligsten ist und was dir am meisten gefällt.

"Dein Wille sei mein, und mein Wille folge immer dem deinen und stimme vollkommen damit überein.

"Laß mich immer dasselbe mit dir wollen oder nicht wollen, und laß mich nicht anders wollen oder nicht wollen, als wie du willst oder nicht willst.

"Gib, dass ich für alles sterbe, was in der Welt ist; Und um deinetwillen liebe es, verachtet zu werden und in dieser Welt nicht bekannt zu sein.

"Gib, dass ich in dir ruhe über alles, was ich begehrt, und dass mein Herz in dir Frieden habe.

"Du bist der wahre Friede des Herzens; Du bist seine einzige Ruhe: außerhalb von dir sind alle Dinge hart und unruhig.

"In diesem Frieden, in demselben, der in dir ist, dem einen souveränen, ewigen Gott, will ich schlafen und ruhen. Amen (Psalm 4,9)."

## Wir sollen nicht auf die Menschen vertrauen, sondern auf Gott allein

"Lobe den Herrn, o meine Seele, in meinem Leben will ich den Herrn preisen; ich will meinem Gott singen, solange ich sein werde.

"Setze dein Vertrauen nicht auf die Fürsten, auf die Menschenkinder, in denen es kein Heil gibt.

"Sein Geist wird ausgehen, und er wird zurückkehren auf seine Erde; an jenem Tag werden alle ihre Gedanken vergehen.

"Selig ist, wer den Gott Jakobs zum Helfer hat, dessen Hoffnung auf den Herrn, seinen Gott, ist, der Himmel und Erde gemacht hat, das Meer und alles, was darin ist.

"Wer bewahrt die Wahrheit in Ewigkeit, der das Gericht vollstreckt für die, die Unrecht leiden, der den Hungrigen Nahrung gibt.

"Der Herr löst die Gefesselten, / der Herr erleuchtet die Blinden.

"Der Herr erhebt die Niedergeworfenen; der Herr liebt die Gerechten.

"Der Herr bewahrt die Fremden, er wird den Vaterlosen und den Witwen beistehen, und die Wege der Sünder wird er vernichten.

»Der Herr wird herrschen in Ewigkeit: dein Gott, o Sion, zu Geschlecht und Generation« (Psalm 145).

# SECHSTE MEDITATION

## DIE EUCHARISTIE, DAS BEDÜRFNIS UNSERES HERZENS

Vom heiligen Petrus Julian Eymard,

(Die reale Präsenz)

Warum ist Jesus Christus in der Eucharistie? "Auf diese Frage könnten wir mehrere Antworten geben. Aber das, was sie alle umfasst, ist dies: Er ist da, weil er uns liebt und weil er will, dass wir ihn lieben. Liebe – das ist der Grund für die Einsetzung der Eucharistie.

"Ohne die Eucharistie wäre die Liebe Jesu Christi für uns eine tote Liebe, eine vergangene Liebe, die wir bald vergessen würden und die wir fast verzeihen würden, wenn wir sie vergessen. Die Liebe hat ihre Gesetze, ihre Forderungen. Nur die Eucharistie befriedigt sie vollkommen. Durch sie hat Jesus Christus jedes Recht, geliebt zu werden, weil er in seiner unendlichen Liebe zu uns Zeugnis ablegt.

"Die natürliche Liebe, wie sie Gott in unsere Herzen gelegt hat, verlangt drei Dinge: Die Gegenwart des geliebten Menschen oder das gesellschaftliche Leben; Gütergemeinschaft; und perfekte Vereinigung.

"Abwesenheit ist der Schmerz der Freundschaft, ihre Qual. Die Entfernung schwächt sich ab und endet, wenn sie zu lange dauert, mit dem Tode der festesten Freundschaft.

"Wenn unser Herr von uns entfernt ist, von uns entfernt, wird unsere Liebe zu Ihm die auflösende Wirkung der Abwesenheit erfahren. Es liegt in der Natur der Liebe des Menschen, zum Leben die Gegenwart des geliebten Gegenstandes zu verlangen.

"Seht die armen Apostel, während unser Herr im Grab war. Die Jünger des Emmaus bekannten, dass sie fast den Glauben verloren hätten, weil sie ihren guten Meister nicht mehr hatten.

»Ah! Wenn unser Herr uns kein anderes Unterpfand seiner Liebe hinterlassen hätte als Bethlehem und Golgatha – armer Heiland! Wie schnell hätten wir ihn vergessen sollen! Welche Gleichgültigkeit! "Die Liebe will sehen, hören, sich unterhalten, berühren.

"Nichts nimmt den Platz des geliebten Menschen ein, weder Souvenirs, noch Geschenke, noch Porträts. All das ist ohne Leben.

"Unser Herr wusste es wohl. Nichts hätte an die Stelle Seiner Person treten können. Wir brauchen unseren Herrn selbst.

»Aber sein Wort? Nein, es klingt nicht mehr. Wir hören nicht mehr die rührenden Akzente, die von den Lippen des Erlösers fielen.

"Sein Evangelium? Es ist ein Testament.

"Aber seine Sakramente – geben sie nicht Leben? Ah! es braucht den Urheber des Lebens, um es in uns zu erhalten!

"Das Kreuz? Nein; abgesehen von Jesus macht es nur traurig!

"Aber Hoffnung? Ohne Jesus ist es eine Qual!

"... Könnte Jesus uns in einen so traurigen Zustand des Lebens und Kampfes ohne ihn versetzen wollen?

"Oh, wir wären zu unglücklich, wenn Jesus nicht bei uns wäre! Verbannt, allein auf Erden, gezwungen, uns der irdischen Güter, der Tröstungen des Lebens zu berauben, während der Weltbürger alles hat, was er begehrt – das Leben wäre unerträglich!

"Aber mit der Eucharistie! Mit Jesus in unserer Mitte... bei Tag und bei Nacht, für alle zugänglich, in seinem immer offenen Haus auf alle wartend, die Niedrigen aufnehmend, sie mit ausgesprochener Vorliebe rufen: Ah! Das Leben ist weniger bitter. Er ist der gute Vater inmitten seiner Kinder. Es ist das soziale Leben mit Jesus.

"Und was für eine Gesellschaft! Die Gesellschaft, die uns besser macht, die uns erhebt! Und welche Erleichterungen für die sozialen Beziehungen mit dem Himmel, mit Jesus Christus, selbst, in Person!

"Es ist in der Tat die süße Gemeinschaft einer einfachen, liebevollen, vertrauten und innigen Freundschaft.

»Ah! Es war notwendig!

"Die Liebe verlangt nach Gütergemeinschaft, nach gemeinsamem Besitz. Er möchte Glück und Unglück teilen. Geben ist seine Natur, sein Instinkt, alles mit Freude, mit Vergnügen zu geben. Und so schenkt Jesus Christus im Allerheiligsten Sakrament mit Überfluss, mit Verschwendung Seine Verdienste, Seine Gnaden, ja sogar Seine Herrlichkeit! Oh, wie eifrig Er ist zu geben! Er weigert sich nie.

"Und er schenkt sich allen und allezeit.

"Er bedeckt die Welt mit geweihten Hostien. Er möchte, dass alle seine Kinder ihn besitzen. Von den fünf Broten, die in der Wüste vermehrt wurden, sind noch zwölf Körbe übrig. Alle müssen welche haben!

"Jesus Christus möchte die Welt in seinen sakramentalen Schleier hüllen, um alle Völker in den Wassern des Lebens zu befruchten, die sich im Ozean der Ewigkeit verlieren, aber erst, nachdem er den Durst gestillt und die letzten Auserwählten gestärkt hat.

»Ah! es ist gut für uns, für uns alle, o Eucharistischer Jesus!

"Die Liebe strebt zur Vereinigung, zur Vereinigung derer, die lieben, zur Verschmelzung von zwei zu einem, von zwei Herzen zu einem Herzen, von zwei Geistern zu einem, von zwei Seelen zu einer.

"... Jesus unterwarf sich diesem Gesetz der Liebe, das er selbst aufgestellt hatte. Nachdem er unseren Stand, unser Leben geteilt hat, schenkt er sich in der Gemeinschaft; Er nimmt uns in sich auf.

"Göttliche Vereinigung der Seelen, immer vollkommener, immer inniger im Verhältnis zur Lebendigkeit unserer Begierden! In me manet, et ego in eo. – Er in mir und ich in Ihm. Wir bleiben in Ihm; Er wohnt in uns. Wir sind nur eins mit Ihm, bis der Himmel sich in ewiger und herrlicher Vereinigung vollzieht, der unaussprechlichen Vereinigung, die hier unten aus Gnade begonnen und durch die Eucharistie vollendet wurde!

Die Liebe lebt also mit Jesus, der im Allerheiligsten Sakrament gegenwärtig ist. Sie teilt alle Reichtümer Jesu. Sie ist mit Jesus vereint.

"Die Bedürfnisse unseres Herzens sind befriedigt. Sie kann nicht mehr verlangen.

"Wir glauben an die Liebe Gottes zu uns. – Wort von tiefer Bedeutung!

"Der Glaube an die Wahrheit der göttlichen Worte und Verheißungen wird von jedem Christen verlangt. Das ist einfach Glaube. Aber der Glaube an die Liebe ist höher und vollkommener. Es ist die Krone des ersten.

"Der Glaube an die Wahrheit wäre unfruchtbar, wenn er nicht zum Glauben an die Liebe führen würde.

"Was ist das für eine Liebe, an die wir glauben sollen?

"Es ist die Liebe Jesu Christi, die Liebe, die er uns in der Eucharistie bezeugt, die Liebe, die er selbst ist, die lebendige und unendliche Liebe." Glücklich sind die, die an die Liebe Jesu Christi in der Eucharistie glauben! Sie lieben, denn glauben heißt lieben.

"Wer sich damit begnügt, an die Wahrheit der Eucharistie zu glauben, liebt gar nicht oder nur sehr wenig. Aber welche Beweise seiner Liebe hat unser Herr in der Eucharistie gegeben?

"In erster Linie hat uns unser Herr sein Wort dazu gegeben. Er sagt uns, dass er uns liebt, dass er sein Sakrament nur aus Liebe zu uns eingesetzt hat. Dann ist es wahr.

"Wir glauben an einen ehrenwerten Mann auf sein Wort. Warum sollten wir weniger Vertrauen in den Glauben unseres Herrn setzen?

"Wenn ein Freund seinem Freund beweisen will, dass er ihn liebt, sagt er es ihm und drückt ihm liebevoll die Hand.

"Wenn unser Herr uns seine Liebe zeigen will, tut er dies persönlich und verwirft das Eingreifen einer dritten Person, sei es ein Engel oder ein Mensch. Die Liebe leidet nicht unter Zwischenstoffen.

"Er bleibt in der heiligen Eucharistie, um uns unaufhörlich zu wiederholen: ›Ich liebe dich! Du mußt sehen, daß ich dich liebe!‹

"Unser Herr hatte solche Angst, dass wir ihn irgendwann vergessen würden, dass er mitten unter uns wohnte, sich unter uns einnistete und seinen Dienst in unsere Reichweite rückte, so dass wir nicht an ihn denken konnten, ohne uns an seine Liebe zu erinnern. Indem er sich so hingab, hoffte er vielleicht, von den Menschen nicht vergessen zu werden.

"Wer ernsthaft über die Eucharistie nachdenkt, vor allem aber wer an ihr teilnimmt, muss überzeugt sein, dass unser Herr ihn liebt. Er fühlt, dass er in Ihm einen Vater hat. Er spürt, dass er schon als Kind geliebt wird. Er fühlt, dass er das Recht hat, zu Ihm wie zu einem Vater zu gehen und frei mit Ihm zu sprechen. Wenn er in der Kirche ist, am Fuße des Tabernakels, ist er zu Hause bei seinem Vater. Er spürt es.

»Ah! Ich verstehe, warum die Gläubigen es lieben, in der Nähe von Kirchen zu leben, im Schatten des väterlichen Hauses.

"So sagt uns Jesus im Allerheiligsten, dass er uns liebt. Er wiederholt es uns innerlich und lässt uns es fühlen. Glauben wir an seine Liebe.

"Liebt Jesus uns persönlich, individuell?" Auf diese Frage gibt es nur eine Antwort: Gehören wir zur christlichen Familie? Lieben nicht Vater und Mutter in einer Familie jedes Kind mit gleicher Liebe? Und wenn sie eine Vorliebe hätten, wäre es nicht für die Zartesten oder Kranken?

"Unser Herr hat für uns wenigstens das Gefühl eines guten Vaters.

"Warum verweigern wir Ihm diesen Charakter?

"Aber noch mehr, seht, wie unser Herr an jedem von uns seine persönliche Liebe ausübt. Er kommt jeden Morgen, um jedes seiner Kinder zu sehen, vor allem, um es zu besuchen, mit ihm zu sprechen und es zu umarmen. Obwohl Er so oft kommt, ist Sein Besuch immer so liebenswürdig, so liebevoll, als wäre es der allererste. Er ist nicht alt geworden. Er wird nicht müde, uns zu lieben und sich jedem von uns zu schenken.

"Gibt Er sich nicht ganz und gar jedem hin? Und wenn die Kommunikanten zahlreicher sind als die Heerscharen, teilt Er sich dann nicht für sie? Gibt Er jemals jemandem weniger?

"Auch wenn die Kirche voller Anbeter ist, kann nicht jeder von uns zu Jesus beten, mit ihm sprechen? Und wird er nicht erhört, wird er nicht so günstig erhört, als wäre er allein in der Kirche?

"Das ist die persönliche Liebe Jesu. Jeder empfängt Ihn ganz und tut niemandem Unrecht. So wie die Sonne ihr Licht auf alle und jeden wirft, wie der Ozean ganz allen Fischen gehört, so gehört Jesus uns allen. Er ist größer als alles. Er ist unerschöpflich.

Ein weiterer unbestreitbarer Beweis für die Liebe unseres Herrn ist die Beharrlichkeit dieser Liebe im Allerheiligsten Sakrament.

"Wie rührend ist dieser Gedanke für die Seele, die versteht! Unzählige Messen werden täglich auf der ganzen Welt gefeiert. Sie folgen fast ohne Unterbrechung aufeinander. Und wie viele dieser Messen, in denen Jesus sich für uns darbringt, sind unbeaufsichtigt, wie viele ohne Helfer? Während Jesus auf diesem neuen Kalvarienberg um Barmherzigkeit fleht, beleidigen die Sünder Gott und seinen Christus.

"Warum erneuert unser Herr seine Opfer so oft, da wir keinen Nutzen daraus ziehen?

"Warum verharrt Er Tag und Nacht auf unseren Altären, zu denen niemand kommt, um die Gnaden zu empfangen, die Er mit vollen Händen darbringt?

"Weil er liebt, weil er hofft, weil er erwartet! Wenn Jesus nur an bestimmten Tagen auf unsere Altäre käme, würde er befürchten, dass irgendein Sünder, getrieben von dem Wunsch, zu ihm zurückzukehren, kommen könnte, um ihn zu suchen, und wenn er ihn nicht findet, weggeht, ohne auf ihn zu warten. So zieht er es vor, den Sünder selbst lange Jahre zu erwarten, anstatt ihn einen Augenblick warten zu lassen, anstatt ihn vielleicht zu entmutigen, wenn er der Sklaverei der Sünde entfliehen will.

"Oh, wie wenige haben auch nur eine entfernte Ahnung von der Liebe Jesu im Allerheiligsten Sakrament! Und trotzdem ist es wahr! Oh, wir glauben nicht an die Liebe Jesu! Würden wir einen Freund, würden wir jeden Menschen so behandeln wie unseren Herrn?"

# Die fromme Seele sollte sich von ganzem Herzen nach der Vereinigung mit Christus im Sakrament sehnen

*Thomas à Kempis*
*Nachfolge Christi, Buch 4, Kapitel 13*

"Wer wird es mir geben, o Herr, dich allein zu finden, damit ich dir mein ganzes Herz öffne und dich erfreut, wie meine Seele begehrt; Niemand sieht mich, noch irgendein Geschöpf, das mich interessiert oder mich überhaupt berührt, als Du allein sprichst zu mir und ich zu Dir, wie der Geliebte zu seiner Geliebten zu sprechen pflegt, und ein Freund, um sich mit seinem Freund zu unterhalten.

"Darum bete ich, darum wünsche ich, dass ich ganz mit dir vereint bin und mein Herz von allem Geschaffenen zurückziehe; und durch das Heilige Abendmahl... Mögen wir immer mehr lernen, sich an den himmlischen und ewigen Dingen zu erfreuen.

»Ah! Herr, Gott, wann werde ich ganz mit dir vereint und in dir aufgehen und mich selbst ganz vergessen? Du in mir und ich in dir; Und so gewähre uns beiden, in einem zu bleiben.

"Wahrlich, du bist mein Geliebter, der Auserwählteste unter Tausenden, an dem meine Seele alle Tage meines Lebens gern wohnt.

"Wahrlich, du bist mein Friedensstifter, in dem souveräner Friede und wahre Ruhe ist; aus denen Arbeit und Kummer und endloses Elend ist.

"Ihr seid in Wahrheit ein verborgener Gott, und euer Rat ist nicht mit den Gottlosen; Aber dein Gespräch ist mit den Demütigen und den Einfachen.

»Ach! Wie süß ist dein Geist, o Herr, der du, um deinen Kindern deine Sanftmut zu zeigen, dafür bürgt, sie mit dem köstlichsten Brot zu speisen, das vom Himmel herabkommt.

"Wahrlich, es gibt kein anderes Volk, das so groß ist, das seinen Gott so nahe bei sich hat, wie du, unser Gott, deinen Gläubigen gegenwärtig bist; denen ihr euch für ihren täglichen Trost und für die Erhebung ihres Herzens zum Himmel hingebt, um gegessen und genossen zu werden.

"Denn welches andere Volk wird so geehrt wie das christliche Volk?

"Oder welches Geschöpf unter dem Himmel, das so geliebt wird wie eine fromme Seele, in die Gott kommt, damit er sie mit seinem herrlichen Fleisch ernähre? O unaussprechliche Gnade! O wunderbare Herablassung!

"O unendliche Liebe! Dem Menschen in einzigartiger Weise geschenkt.

"Aber was soll ich dem Herrn für diese Gnade und für eine so außerordentliche Nächstenliebe zurückgeben?

"Es gibt nichts, was ich ihm geben kann, was ihm besser gefällt, als wenn ich mein Herz ganz Gott übergebe und es eng mit ihm verbinde.

"Dann wird sich alles, was in mir ist, überaus freuen, wenn meine Seele vollkommen mit meinem Gott vereint sein wird; dann wird er zu mir sagen: Wenn du bei mir sein willst, werde ich bei dir sein; und ich werde ihm antworten: Verbürge dich, o Herr, bei mir zu bleiben, und ich werde gern bei dir sein.

"Das ist mein ganzer Wunsch, dass mein Herz mit dir vereint sein möge."

# SIEBTE MEDITATION
## UNSERE GOTTESMUTTER

Bestimmte moderne Formen des Christentums sprechen vom Kind, aber nie ein Wort über die Mutter des Kindes. Das Kind von Bethlehem fiel nicht vom Himmel in ein Strohbett, sondern kam durch die großen Pforten des Fleisches in diese Welt. Söhne sind untrennbar mit Müttern verbunden, und Mütter sind untrennbar mit Söhnen verbunden. Genauso wie man nicht zu einer Statue einer Mutter gehen kann, die ein Kind hält, und die Mutter wegschneidet, so dass das Kind in der Luft schwebt, kann man auch nicht die Mutter vom Kind von Bethlehem trennen. Er schwebte nicht in der Luft der Geschichte, sondern kam, wie alle anderen Kinder, durch und durch Seine Mutter zur Welt. Wenn wir das Kind anbeten, sollten wir dann nicht seine Mutter verehren und während wir vor Jesus niederknien, sollten wir dann nicht wenigstens die Hand Mariens ergreifen, weil sie uns einen solchen Retter geschenkt hat? Es besteht die große Gefahr, dass wir, wenn wir nicht ein Weihnachten ohne die Mutter feiern, bald einen

Punkt erreichen, an dem wir Weihnachten ohne das Kind feiern werden, und diese Tage sind jetzt angebrochen. Und was für eine Absurdität das ist; denn so wie es kein Weihnachten ohne Christus geben kann, so kann es auch nie einen Christus ohne Maria geben. Ziehe den Vorhang der Vergangenheit beiseite und entdecke im Licht der Offenbarung die Rolle und die Rolle, die Maria in dem großen Drama der Erlösung spielt!

Der allmächtige Gott beginnt niemals ein großes Werk, ohne die Vorbereitung zu übertreiben. Die beiden größten Werke Gottes sind die Schöpfung des ersten Menschen, Adam, und die Menschwerdung des Sohnes Gottes, des neuen Adam, Jesus Christus. Aber keines von beidem wurde ohne die charakteristische göttliche Vorbereitung vollbracht.

Gott hat das Meisterwerk der Schöpfung, das der Mensch war, nicht gleich am ersten Tag geschaffen, sondern er hat es aufgeschoben, bis Er sechs Tage lang daran gearbeitet hat, das Universum zu schmücken. Aus keinem materiellen Ding, sondern nur durch das Fiat Seines Willens bewegte sich die Allmacht und sagte zum Nichts: "Sei!" Und siehe da, Kugeln fielen in ihre Bahnen und gingen in schöner Harmonie aneinander vorbei, ohne jemals einen Ruck oder Halt. Dann kamen die Lebewesen: Die Kräuter, die Früchte tragen als unbewusste Huldigung ihres Schöpfers; die Bäume mit ihren belaubten Armen, die den ganzen Tag zum Gebet ausgestreckt waren; und die Blumen, die den Kelch ihrer Düfte für ihren Schöpfer öffnen. Mit der Arbeit, die nie ermüdend war, ließ Gott dann die empfindsamen Geschöpfe umherstreifen, entweder in den Wasserpalästen der Tiefe oder auf Flügeln, um durch den weglosen Raum zu fliegen, oder aber als unbeflügelt, um das Feld auf der Suche nach ihrer Nahrung und ihrem natürlichen Glück zu durchstreifen. Aber all diese Schönheit, die den Gesang der Dichter und die Spuren der Künstler inspiriert hat, war im göttlichen Geist nicht schön genug für das Geschöpf, das Gott zum Herrn und Meister des Universums machen wollte. Er würde noch eines tun: Er würde einen kleinen Teil Seiner Schöpfung als erlesenen Garten ausersehen, ihn mit vier Flüssen verschönern, die durch gold- und onyxreiche Länder fließen, und die Tiere des Feldes als Hausangestellte dieses Gartens darin umherstreifen lassen, um ihn zu einem Paradies des intensivsten Glücks und der größten Freude zu machen, die auf Erden möglich ist. Als schließlich jenes Eden schön gemacht wurde, wie nur Gott weiß, wie man die Dinge schön macht, setzte Er das Meisterwerk Seiner Schöpfung fort, das der erste Mensch war, und in diesem Paradies der Lust wurde die erste Hochzeit der Menschheit gefeiert – die Vereinigung von Fleisch und Fleisch des ersten Mannes und der ersten Frau, Adam und Eva.

Wenn Gott nun sein erstes großes Werk, das der Mensch war, so vorbereitet hat, indem er das Paradies der Schöpfung geschaffen hat, dann ist es umso passender, dass er, bevor er seinen Sohn sendete, um die Welt zu erlösen, für ihn ein Paradies der Menschwerdung vorbereitete. Und viele lange Jahrhunderte hindurch hat Er sie durch Symbole und Prophezeiungen vorbereitet. In der Sprache der Typen bereitete Er den menschlichen Geist darauf vor, ein gewisses Verständnis davon zu erlangen, was dieses neue Paradies sein würde. Der brennende Dornbusch des Mose, der von der Herrlichkeit Gottes überflutet war und inmitten seiner Flamme die Frische seines Grüns und den Duft seiner Blumen bewahrte, war ein Symbol für ein neues Paradies, das in der Ehre seiner Reife den Duft der Jungfräulichkeit bewahrte. Der Stab Aarons, der in der Einsamkeit des Tempels blühte, während er durch Stille und Rückzug von der Welt isoliert war, war ein Symbol jenes Paradieses, das an einem Ort der Zurückgezogenheit und Isolierung von der Welt die eigentliche Blume des Menschengeschlechts hervorbringen sollte. Die Bundeslade, in der die Tafeln des Gesetzes aufbewahrt wurden, war ein Symbol für das neue Paradies, in dem das Gesetz in der Person Christi seinen eigentlichen Wohnsitz nehmen würde.

Gott hat dieses Paradies vorbereitet, nicht nur durch Symbole, sondern auch durch Prophezeiungen. Selbst an jenem schrecklichen Tag, als ein Engel mit einem flammenden Schwert im ersten Garten der Schöpfung stationiert war, wurde die Prophezeiung gemacht, dass die Schlange nicht schließlich siegen würde, sondern dass eine Frau ihren Kopf zertreten würde. Später priesen Jesaja und Jeremia dieses heilige Paradies als eines, das einen Menschen umschließen würde.

Aber Propheten und Symbole waren eine zu ferne Vorbereitung. Gott würde noch mehr an seinem Paradies arbeiten. Er würde ein Paradies schaffen, das nicht von Unkraut und Disteln überwuchert ist, sondern von jeder Blume der Tugend blüht; ein Paradies, an dessen Pforten die Sünde nie geklopft hatte, an dessen Pforten die Untreue es nie wagen würde, zu stürmen; ein Paradies, aus dem nicht vier Flüsse durch Länder fließen würden, die reich an Gold und Onyx sind, sondern vier Ozeane der Gnade in alle vier Winkel der Welt; ein Paradies, das dazu bestimmt ist, den Baum des Lebens hervorzubringen, und daher selbst voller Leben und

Gnade ist; ein Paradies, in dem die Reinheit selbst und daher ein makellos reines Tabernakel sein sollte; ein Paradies, das so schön und erhaben ist, dass der himmlische Vater nicht erröten müsste, wenn er seinen Sohn hineinsendete. Dieses fleischliche Geschenk Paradies der Menschwerdung, in dem nicht die Hochzeit von Mann und Frau, sondern von Mensch und Gottheit gefeiert werden sollte, ist Unsere geliebte Maria, Mutter unseres Herrn und Heilands, Jesus Christus.

Warum sollte das Paradies der Menschwerdung nicht makellos und rein sein? Warum sollte sie nicht makellos und rostfrei sein? Nehmen wir einfach an, dass du deine eigene Mutter schon vor dir gehabt haben könntest, so wie ein Künstler vor seinem Gemälde existiert. Nehmen wir ferner an, du hättest die unendliche Macht, deiner Mutter alles zu machen, was du wolltest, so wie ein großer Künstler wie Raffael die Macht hat, seine künstlerischen Ideale zu verwirklichen. Angenommen, du hättest diese doppelte Macht, was für eine Mutter hättest du für dich selbst gemacht? Hättest du sie zu einem solchen Typ gemacht, der dich wegen ihrer unweiblichen und unmütterlichen Handlungen erröten lassen würde? Hättest du sie in irgendeiner Weise mit der Selbstsucht befleckt und beschmutzt, die sie nicht nur für dich, sondern auch für deine Mitmenschen unattraktiv gemacht hätte? Hättest du sie äußerlich und innerlich von einem solchen Charakter gemacht, dass du dich ihrer schämst? Oder hättest du sie, soweit es die menschliche Schönheit betrifft, zur schönsten Frau der Welt gemacht? und was die Schönheit der Seele betrifft, eine, die jede Tugend, jede Art von Güte und Nächstenliebe und Liebenswürdigkeit ausstrahlen würde; Jemand, der durch die Reinheit seines Lebens, seines Geistes und seines Herzens nicht nur für dich, sondern auch für deine Mitmenschen eine Inspiration wäre, so dass alle zu ihr aufblicken würden als die Inkarnation dessen, was das Beste in der Mutterschaft ist? Wenn ihr nun, die ihr ein unvollkommenes Wesen seid und nicht die feinste Vorstellung von allem hat, was im Leben schön ist, euch die schönste aller Mütter gewünscht hättet, glaubt ihr, dass unser gesegneter Herr, der nicht nur vor seiner eigenen Mutter existierte, sondern auch eine unendliche Macht besaß, sie genau zu dem zu machen, was er erwählte? Würdest du sie kraft der ganzen unendlichen Zartheit seines Geistes weniger rein, liebevoll und schön machen, als du deine eigene Mutter gemacht hättest? Wenn ihr, die ihr die Selbstsucht hasst, und ihr, die ihr die Hässlichkeit hasst, sie schön gemacht hättet, glaubt ihr nicht, dass der Sohn Gottes, der die Sünde hasst, seine eigene Mutter sündlos gemacht hätte, und er, der die sittliche Hässlichkeit hasst, sie makellos schön gemacht hätte?

Man beachte, wie die Heilige Schrift zunächst implizit und dann explizit offenbart, dass Maria die Mutter der Christen ist. Der heilige Lukas sagt bei der Schilderung der Geburt unseres Herrn, dass Maria ihren "Erstgeborenen" gebar. Einige Kritiker haben argumentiert, dass dies bedeutete, dass unsere Gottesmutter andere Kinder dem Fleisch nach hatte, obwohl die Heilige Schrift eindeutig darauf hinweist, dass sie eine Jungfrau war. Die Aussage "Erstgeborene" kann in der Tat bedeuten, dass Maria weitere Kinder bekommen sollte, nicht durch das Fleisch, sondern durch den Geist. Es deutet darauf hin, dass sie eine spirituelle Nachkommenschaft haben sollte, die den mystischen Leib ihres göttlichen Sohnes bilden würde, so wie Eva die "Mutter aller Lebenden" oder die Mutter der Menschen in der natürlichen Ordnung genannt wird. Sara gab dem Vater der Gläubigen, Abraham, nur einen Sohn, und doch wird sie die Mutter ganz Israels genannt. In den Worten »Erstgeborene« liegt ein klarer Hinweis darauf, dass sie, die leiblich das Haupt der Kirche gezeugt hat, auch die Glieder der Kirche geistig zeugen sollte. Da das Haupt und der Leib untrennbar miteinander verbunden sind, ist es wahr zu sagen, dass Maria, als sie Christus in ihrem Schoß trug, quasi den ganzen mystischen Leib trug. Die Mutter Erde, die den Weinstock trägt, trägt auch die Reben.

Wenn schließlich das Wort Fleisch geworden ist und sie Ihn am vierzigsten Tag zur Reinigung in den Tempel bringt, wird die Rolle Marias bei der Erlösung noch deutlicher. Joseph war an jenem Tag bei ihr, aber der greise Simeon sprach nur zu ihr und erinnerte sie daran, dass sie vom Schwert des Schmerzes durchbohrt worden war. Simeon, erfüllt vom prophetischen Geist, freute sich auf den Tag, an dem dieses Kind, der neue Adam, als Schmerzensmann am Kreuz für die Sünde büßen würde und sie als neue Eva als Schmerzensfrau an dieser Erlösung mitwirken würde. Simeon sagte ihr geradezu, dass Eden zu Golgatha werden würde, dass der Baum das Kreuz sein würde und dass sie die Mutter des Erlösers sein würde. Aber wenn sie die Mutter des Erlösers ist, war sie dann nicht dazu berufen, die Mutter der Erlösten zu sein? Und wenn Christus ihr Erstgeborener wäre, wären dann nicht die Erlösten ihre Mitgeborenen, Brüder Christi und Söhne des himmlischen Vaters?

All dies wurde klarer, als unser Herr zu predigen begann. Eines Tages, als Er der Menge das Brot der Wahrheit brach, verkündete jemand in der Menge, dass Seine Gottesmutter Ihn suche. "Er aber antwortete und sprach zu dem, der zu ihm sprach: Wer ist meine Mutter? Und indem er seine Hand nach seinen Jüngern ausstreckte, sprach er: Seht, meine Mutter und meine Brüder! Denn wer den Willen meines Vaters im Himmel tut, der ist mein Bruder und meine Schwester und meine Mutter" (Matthäus 12,48-50). Diese Worte bedeuteten nicht eine Verleugnung seiner seligen Mutter, die er neben seinem eigenen himmlischen Vater liebte; Vielmehr meinten sie, dass es andere Bindungen gibt als die des Fleisches. Die Welt wurde auf die vollere und tiefere Bedeutung des Wortes "Erstgeborener" vorbereitet. Dieser Tag kam auf den Freitag, der Gut genannt wurde und auf einem Hügel Golgatha hieß. Unser Herr hatte seine Kleider bereits seinen Henkern gegeben. Später sollte er seinen Leib dem Grab übergeben und seinen Geist seinem Vater. Aber er hat zwei kostbare Gaben, die ihm noch zuteil werden müssen: Seinen geliebten Jünger Johannes und seine schmerzhafte Mutter Maria. Wem könnte Er solche Gaben geben, wenn nicht einander? Und so sagt er zu Johannes, dem Repräsentanten der geliebten, erlösten Menschheit: "Siehe, deine Mutter." Dann blickte er zu seiner Mutter und sagte nicht "Mutter", sondern "Frau", um sie an ihre universale Beziehung zum Geschlecht des Erlösers zu erinnern: "Frau, sieh deinen Sohn." "Siehe, dein Sohn" – sie hatte schon einen Sohn; Er hing am Baum der

Schmach. Nun sollte sie noch einen bekommen, einen Sohn des Zebedäus. John war also ihr Zweitgeborener! Alles wird klar. Ihr Sohn sagte ihr, es gebe eine andere Mutterschaft als die des Fleisches; jetzt erkennt sie, wie buchstäblich wahr es war. Sie brachte ihren Erstgeborenen in Bethlehem zur Welt, und Sein Name ist Jesus; sie bringt ihr Zweitgeborenes auf Golgatha zur Welt. Maria war dazu bestimmt, andere Kinder als Jesus zu bekommen, aber sie sollten nicht aus ihrem Fleisch, sondern aus ihrem Herzen geboren werden. Mutter Christi war sie am Kreuz. Ihr Erstgeborener in Bethlehem wurde in Freude geboren, aber der Fluch Evas hing über ihrer Arbeit am Kreuz, denn sie gebar nun, wie Eva, ihre Kinder in Trauer. In diesem Augenblick erlitt Maria die Qualen der geistlichen Geburt für die Millionen von Seelen, die jemals zur Adoptivsohnschaft des Vaters, zur Brüderlichkeit Christi und zur Freude, ihre Mutter zu rufen, berufen werden sollten. Der Kelch ihres Schmerzes am Kreuz war, wie der ihres Sohnes, bis zum Rand gefüllt, und niemand weiß, wie viel sie gelitten hat, um unsere geistliche Mutter oder die Mutter des mystischen Leibes ihres göttlichen Sohnes zu werden. Wir wissen nur, dass die Millionen von Märtyrern aller christlichen Zeitalter ihre Schmerzen im Vergleich zu ihren als unbedeutend betrachten und Skrupel haben, sie nicht als Königin der Märtyrer anzusprechen.

Wenn unser Heiland sich ein besseres Mittel hätte ausdenken können, um uns zu Ihm zurückzuführen, hätte Er uns in andere Hände gelegt als in die ihren.

Es gibt viele Unwahrheiten, die über die katholische Kirche erzählt werden. Eine davon ist, dass Katholiken Maria anbeten. Das ist absolut falsch. Maria ist ein Geschöpf, menschlich, nicht göttlich. Katholiken beten Maria nicht an. Das wäre Götzendienst. Aber sie verehren sie.

Und dürfen wir die Christen, die Maria vergessen haben, fragen, ob es angemessen ist, sie zu vergessen, an die er am Kreuz gedacht hat? Werden sie keine Liebe für diese Frau empfinden, durch deren Pforten Er als die Pforte des Himmels auf die Erde kam?

Einer der Gründe, warum so viele Christen den Glauben an die Göttlichkeit Christi verloren haben, ist, dass sie jede Zuneigung zu ihr verloren haben, auf deren weißen Körper, wie ein Turm aus Elfenbein, jenes Kindlein kletterte, "um auf ihren Lippen eine mystische Rose zu küssen".

Es gibt keinen Christen auf der ganzen Welt, der Maria verehrt, der Jesus, ihren Sohn, nicht in Wahrheit als Sohn des lebendigen Gottes anerkennt. Der kluge Christus am Kreuz wusste den klugen Weg, den Glauben an seine Göttlichkeit zu bewahren, denn wer kennt ihren Sohn besser als eine Mutter?

Das Geschenk Mariens tat etwas mit dem Menschen, denn es gab ihm eine ideale Liebe.

Es hat in der Geschichte der Welt kaum eine Mutter gegeben, die nicht irgendwann einmal zu ihrem Sohn oder ihrer Tochter gesagt hat: "Tue nie etwas, wofür sich deine Mutter schämen würde."

Je edler die Liebe, desto edler der Charakter; Und welche edlere Liebe könnte man den Männern schenken als die Frau, die der Heiland der Welt zu seiner eigenen Mutter erwählt hat?

Woran liegt es, dass die Welt ihre Unfähigkeit eingestanden hat, der Jugend Tugend einzuimpfen? Ganz einfach, weil sie die Moral nicht mit einer edleren Liebe als der Selbstliebe in Verbindung gebracht hat. Nur wenn die Dinge in ein größeres Ganzes eingebunden sind, behalten sie ihre Proportion und erfüllen ihre eigentliche Rolle.

Die meisten Leben sind wie Türen ohne Angeln oder Ärmel ohne Mäntel oder Schleifen ohne Geigen; das heißt, sie haben nichts mit dem Ganzen oder dem Zweck zu tun, der ihnen Bedeutung verleiht.

Die moderne Betonung von Sex ist das Ergebnis der Entrissung einer Funktion von einem Zweck, eines Teils von einem Ganzen. Es kann nie richtig gehandhabt werden, es sei denn, es wird in ein größeres Muster integriert und dafür gemacht, es zu bedienen.

Das ist in gewisser Weise die Rolle, die die Gottesmutter im sittlichen Leben unserer katholischen Jugend spielt. Sie ist jene ideale Liebe, für die kleinere und niedere Lieben und Triebe geopfert werden.

Das Niveau jeder Zivilisation ist das Niveau ihrer Weiblichkeit. Was sie sind, werden die Menschen sein, denn die Liebe geht immer hinaus, um den Ansprüchen des geliebten Objekts gerecht zu werden. Mit einer Frau wie der Mutter unseres Herrn als unserer übernatürlichen Mutter haben wir eine der größten Inspirationen für ein edleres Leben, das diese Welt je gekannt hat.

## An die Muttergottes –

## Schöne Dame in Blau gekleidet

Schöne Dame in Blau gekleidet

Lehre mich, wie man betet!

Gott war nur dein kleiner Junge,

Sag mir, was ich sagen soll!


Hast du ihn manchmal emporgehoben,

Sanft, auf den Knien?

Hast du ihm so gesungen, wie

Mutter tut es mir?


Hast du nachts Seine Hand gehalten?

Haben Sie jemals versucht,

Geschichten von der Welt erzählen?

O! Und hat Er geweint?

Glaubst du wirklich, dass Er sich kümmert

Wenn ich Ihm Dinge sage...

Kleinigkeiten, die passieren? Und

Mach die Flügel der Engel


Einen Lärm machen? Und kann Er hören

Ich, wenn ich leise spreche?

Versteht Er mich jetzt?

Sag es mir – denn weißt du?


Schöne Dame in Blau gekleidet

Lehre mich, wie man betet!

Gott war nur dein kleiner Junge,

Und Sie kennen den Weg.


(Mary Dixon Thayer)

## Salve Regina

Gegrüßet seist du, Heilige Königin, Mutter der Barmherzigkeit. Heil unserem Leben, unserer Süße und unserer Hoffnung! Zu dir rufen wir, arme, verbannte Kinder Evas; Zu dir senden wir unsere Seufzer, Trauer und Weine in diesem Tal der Tränen. Wende also deine Augen der Barmherzigkeit auf uns, gnädigster Fürsprecher; und nach dieser Verbannung, zeige uns die gesegnete Frucht deines Leibes, Jesus. O gnädig, o liebende, o süße Jungfrau Maria. Bete für uns, o heilige Mutter Gottes. Damit wir der Verheißungen Christi würdig gemacht werden. Amen.

## Ave Maria

Gegrüßet seist du, Maria, voll der Gnade, der Herr ist mit dir, selig bist du unter den Frauen, und gesegnet ist die Frucht deines Leibes, Jesus. Heilige Maria, Mutter Gottes, bitte für uns Sünder, jetzt und in der Stunde unseres Todes. Amen.

# Litanei der Heiligen Jungfrau Maria

Herr, erbarme dich unser.

Christus, erbarme dich unser.

Herr, erbarme dich unser. Christus, höre uns.

Christus, erhöre uns gnädig.

Gott, der Vater des Himmels, erbarme dich unser.

Gott, der Sohn, Erlöser der Welt, erbarme dich unserer selbst.

Gott, der Heilige Geist, erbarme dich unser.

Heilige Dreifaltigkeit, ein Gott, erbarme dich unser.

Heilige Maria, bitte für uns.

Heilige Mutter Gottes, bitte für uns.

Heilige Jungfrau der Jungfrauen, bitte für uns.

Mutter Christi, bitte für uns.

Mutter der göttlichen Gnade, bitte für uns.

Reinste Mutter, bitte für uns.

Keusche Mutter, bitte für uns.

Unverletzliche Mutter, bitte für uns.

Unbefleckte Mutter, bitte für uns.

Liebenswürdigste Mutter, bitte für uns.

Bewundernswerte Mutter, bitte für uns.

Mutter des guten Rates, bitte für uns.

Mutter unseres Schöpfers, bitte für uns.

Mutter unseres Erlösers, bitte für uns.

Jungfrau der Klugen, bitte für uns.

Ehrwürdigste Jungfrau, bitte für uns.

Jungfrau, Berühmteste Jungfrau, bitte für uns.

Jungfrau der Macht, bitte für uns.

Barmherzige Jungfrau, bitte für uns.

Treue Jungfrau, bitte für uns.

Spiegel der Gerechtigkeit, bitte für uns.

Sitz der Weisheit, bitte für uns.

Ursache unserer Freude, bitte für uns.

Geistliches Gefäß, bitte für uns.

Gefäß der Ehre, bitte für uns.

Einzigartiges Gefäß der Hingabe, bitte für uns.

Mystische Rose, bitte für uns.

Turm Davids, bitte für uns.

Turm aus Elfenbein, bitte für uns.

Haus aus Gold, bitte für uns.

Bundeslade, bitte für uns.

Pforte des Himmels, bitte für uns.

Morgenstern, bitte für uns.

Gesundheit der Kranken, bitte für uns.

Zuflucht der Sünder, bitte für uns.

Tröster der Betrübten, bitte für uns.

Hilf den Christen, bitte für uns.

Königin der Engel, bitte für uns.

Königin der Patriarchen, bitte für uns.

Königin der Propheten, bitte für uns.

Königin der Apostel, bitte für uns.

Königin der Märtyrer, bitte für uns.

Königin der Bekenner, bitte für uns.

Königin der Jungfrauen, bitte für uns.

Königin aller Heiligen, bitte für uns.

Königin, die ohne Erbsünde empfangen wurde, bitte für uns.

Königin des heiligsten Rosenkranzes, bitte für uns.

Königin des Friedens, bitte für uns.


Lamm Gottes, das die Sünden der Welt hinwegnimmt.

Verschone uns, o Herr.


Lamm Gottes, das die Sünden der Welt hinwegnimmt.

Gnädig höre uns, o Herr.

Lamm Gottes, das die Sünden der Welt hinwegnimmt.

Hab Erbarmen mit uns.

Christus, höre uns.

Christus, erhöre uns gnädig.


Bete für uns, o heilige Mutter Gottes.

Damit wir der Verheißungen Christi würdig gemacht werden.


Lasst uns beten


Wir flehen dich an, o Herr, deine Gnade in unsere Herzen; damit wir, denen die Menschwerdung Christi, deines Sohnes, durch die Botschaft eines Engels bekannt gemacht wurde, durch sein Leiden und Kreuz zur Herrlichkeit seiner Auferstehung gebracht werden. Durch denselben Christus, unseren Herrn.

Möge der göttliche Beistand immer bei uns bleiben.


Mögen die Seelen der Gläubigen, die von uns gegangen sind, durch die Barmherzigkeit Gottes in Frieden ruhen. Amen.

Wir fliegen zu deinem Patronat, o heilige Mutter Gottes, verachte nicht unsere Bitten in unseren Bedürfnissen; aber erlöse uns von allen Gefahren, o ewig herrliche und gesegnete Jungfrau. Amen.

# GEBET VON

# MEDITATION

# UND PETITION

## AUS DER RÜSTUNG GOTTES

## UND

## HEFTE ZUR HEILIGEN STUNDE

# Christus für eine treue Seele

*Thomas à Kempis*

*Die Nachfolge Christi, Buch 3, Kapitel 1*

Glücklich sind die Seelen, die den Herrn in sich reden hören und aus ihrem Mund das Wort des Trostes empfangen.

Glücklich sind die Ohren, die die Akzente des göttlichen Flüsterns hören und das Einflüstern der Welt nicht beachten.

Glückliche Ohren sind in der Tat jene Ohren, die auf die Wahrheit selbst hören, die im Innern lehrt, und die nicht auf die Stimme hören, die draußen ertönt.

Glückliche Augen, die sich vor dem Äußeren verschließen und auf das Innere achten. Glücklich sind die, die in innere Dinge eindringen und sich bemühen, sich durch tägliche Übungen, das Erlangen himmlischer Geheimnisse, immer mehr vorzubereiten.

Selig sind die, die ganz auf Gott bedacht zu sein suchen und sich aller weltlichen Hindernisse entledigen.

Denke an diese Dinge, o meine Seele, und schließe die Türen deiner Sinne, damit du hörst, was der Herr, dein Gott, in dir spricht.

So spricht euer Geliebter: Ich bin eure Rettung, euer Friede und euer Leben; Bleibe in mir, und du wirst Frieden finden.

Lass alles Vergängliche in Ruhe und suche das Ewige.

Was sind alle zeitlichen Dinge anderes als Betrug? Und was nützen dir alle geschaffenen Dinge, wenn du von deinem Schöpfer verlassen wirst?

Lege also alles Irdische ab; Mach dich deinem Schöpfer gefällig und ihm treu, damit du zu wahrem Glück gelangen kannst.

# Gebet, dem Beispiel Jesu Christi nachzufolgen

*Thomas à Kempis*

*Die Nachfolge Christi, Buch 3, Kapitel 18*

Mein Kind, ich bin für deine Rettung vom Himmel herabgekommen. Ich habe dein Elend auf mich genommen, nicht aus Not, sondern aus Liebe, damit du Geduld lernst und das Elend dieses Lebens ohne Reue erträgst. Denn von der Stunde meiner Geburt bis zu meinem Tod am Kreuz war ich nie ohne Leiden.

Herr, weil Du im Leben geduldig warst, besonders in der Erfüllung des Gebotes des Vaters, so ist es gut, dass ich, ein elender Sünder, nach Deinem Willen alles mit Geduld nehme und, solange Du willst, die Last dieses vergänglichen Lebens trage, um mein Heil zu erlangen.

Oh, welch großen Dank muss ich Dir erwidern, dass Du mir und allen Gläubigen einen rechten und guten Weg zu einem ewigen Reich gezeigt hast.

Wärst Du nicht vorausgegangen und hättest uns belehrt, wer hätte sich gekümmert, uns zu folgen?

Siehe, wir sind noch immer lau trotz all der Wunder und Belehrungen, die wir vernommen haben. Was wäre es dann, wenn wir nicht dieses große Licht hätten, um Dir zu folgen?

## Gebet gegen böse Gedanken

*Thomas à Kempis*

*Die Nachfolge Christi - Buch 3, Kapitel 23*

O Herr, mein Gott, sei nicht fern von mir. O mein Gott, eile mir zu Hilfe, denn mannigfaltige böse Gedanken und große Ängste haben sich gegen mich erhoben und meine Seele heimgesucht. Wie soll ich an ihnen vorübergehen, ohne Schaden zu nehmen? Wie soll ich sie durchbrechen?

"Und das Volk wird sie nehmen und an ihren Platz bringen, und das Haus Israel wird sie besitzen im Land des Herrn zu Knechten und Mägden, und sie werden sie zu

Gefangenen machen, die sie gefangen genommen haben, und werden ihre Unterdrücker unterwerfen" (Jes 14,2).

Ich, spricht er, will vor dir hergehen und die Großen der Erde demütigen. Ich werde die Tore des Gefängnisses öffnen und dir verborgene Geheimnisse offenbaren.

Tue, was du sagst, Herr, und lass all diese bösen Gedanken von deinem Angesicht fliehen.

Das ist meine Hoffnung und mein einziger Trost, in aller Bedrängnis zu Dir zu fliegen, Dir zu vertrauen, Dich aus meinem Herzen anzurufen und geduldig Deinen Trost zu suchen.

# Gebet für die Erleuchtung des Geistes

*Thomas à Kempis*

*Die Nachfolge Christi, Buch 3, Kapitel 23*

Erleuchte mich, o guter Jesus, mit dem Glanz des inneren Lichtes und verbanne alle Finsternis aus der Wohnung meines Herzens. Zügele meine vielen abschweifenden Gedanken und unterdrücke alle Versuchungen, die mich gewaltsam überfallen.

Kämpfe kräftig für mich und besiege diese bösen Tiere, ich meine diese verlockenden Begierden, damit Friede in Deiner Gewalt gemacht werde und die Fülle Deines Lobes in Deinem heiligen Hofe, der ein reines Gewissen ist, widerhalle.

Beherrsche die Winde und Stürme; sprich zum Meer: "Sei still!" und zum Nordwind: "Blies du nicht!" und eine große Ruhe wird eintreten.

Sende Dein Licht und Deine Wahrheit aus, um auf der Erde zu leuchten. denn ich bin wie die Erde, leer und leer, bis Du mich erleuchtest.

Gieße Deine Gnade von oben aus; Tränke mein Herz mit dem Tau des Himmels. Sende die Wasser der Hingabe herab, um das Antlitz der Erde zu waschen und gute und vollkommene Früchte hervorzubringen.

Erhebe meinen Sinn, der von der Last der Sünden bedrückt ist, und erhebe mein ganzes Verlangen zu himmlischen Dingen, damit ich, nachdem ich die Süße des Glücks oben gekostet habe, kein Vergnügen daran habe, an die Dinge der Erde zu denken.

Zieh mich fort und erlöse mich von aller unsteten Bequemlichkeit der Geschöpfe; denn kein geschaffenes Ding kann meine Begierden völlig beruhigen und befriedigen.

Verbinde mich mit Dir durch ein untrennbares Band der Liebe, denn Du allein kannst den Liebenden befriedigen, und ohne Dich sind alle Dinge frivol.

# Gebet für Nächstenliebe und Toleranz

(Eusebius, Bischof von Cäsarea, zugeschrieben)

Möge ich niemandes Feind sein, und möge ich der Freund dessen sein, was ewig ist und bleibt. Möge ich nie mit denen streiten, die mir am nächsten stehen; und wenn ich das tue, möge ich mich schnell versöhnen. Möge ich niemals Böses gegen irgendeinen Menschen erfinden; wenn jemand Böses gegen mich ersinnen sollte, möge ich unverletzt entkommen und ohne ihn verletzen zu müssen.

Möge ich nur das lieben, suchen und erlangen, was gut ist. Möge ich für alle Menschen Glück wünschen und niemanden beneiden. Möge ich mich nie über das Unglück eines Menschen freuen, der mir Unrecht getan hat.

Wenn ich etwas Falsches getan oder gesagt habe, dann warte ich nie auf die Zurechtweisung anderer, sondern tadele mich immer selbst, bis ich Wiedergutmachung leiste. Möge ich keinen Sieg erringen, der weder mir noch meinem Gegner schadet. Möge ich Freunde, die einander zornig sind, versöhnen.

Möge ich, soweit es meine Macht macht, meinen Freunden und allen, die in Not sind, jede notwendige Hilfe zukommen lassen. Möge ich niemals einen Freund in Gefahr im Stich lassen.

Wenn ich die Trauernden besuche, möge ich durch sanfte und heilende Worte ihren Schmerz lindern können.

Möge ich mich selbst respektieren... Möge ich immer das zähmen, was in mir tobt...

Möge ich mich daran gewöhnen, sanftmütig zu sein und niemals wegen der Umstände auf Menschen zornig zu sein.

Möge ich nie darüber sprechen, wer böse ist und was für Böses er getan hat, sondern gute Menschen kennen und in ihre Fußstapfen treten durch Christus, unseren Herrn. Amen.

# Ein universelles Gebet

(Komponiert von Papst Clemens XI.)

O mein Gott, ich glaube an dich; stärke du meinen Glauben. Alle meine Hoffnungen ruhen auf Dir; sicherst Du sie. Ich liebe Dich von ganzem Herzen; lehre mich, Dich täglich mehr und mehr zu lieben. Es tut mir leid, dass ich Dich beleidigt habe. vermehrst Du meinen Kummer.

Ich bete Dich an wie meinen ersten Anfang. Ich strebe nach Dir als meinem letzten Ziel. Ich danke Dir als meinem beständigen Wohltäter; Ich rufe Dich als meinen souveränen Beschützer an.

Verbürge, o mein Gott, mich durch deine Weisheit zu leiten, mich durch deine Gerechtigkeit zu zügeln, mich durch deine Barmherzigkeit zu trösten, mich durch deine Macht zu verteidigen.

Dir möchte ich alle meine Gedanken, Worte, Taten und Leiden weihen; damit ich von nun an an Dich denke, von Dir rede, alle meine Taten beständig auf Deine größere

Herrlichkeit beziehe und bereitwillig leide, was Du bestimmen wirst.

Herr, ich wünsche in allen Dingen, dass Dein Wille geschehe, denn es ist Dein Wille, wie Du willst, und so lange Du willst.

Ich flehe Dich an, erleuchte meinen Verstand, entflamme meinen Willen, läutere meinen Leib und heilige meine Seele.

Gib, dass ich nicht vor Stolz aufgeblasen, nicht von Schmeicheleien bewegt, von der Welt getäuscht oder vom Teufel getäuscht werde.

Gib mir die Gnade, mein Gedächtnis zu reinigen, meine Zunge zu zügeln, meine Augen zu zügeln und meine Sinne zu kasteien.

Gib mir, o mein Gott, Kraft, meine Vergehen zu sühnen, meine Versuchungen zu überwinden, meine Leidenschaften zu bezwingen und mir die Tugenden anzueignen, die meinem Stand eigen sind.

Erfülle mein Herz mit einer zärtlichen Zuneigung zu deiner Güte, einem Hass gegen meine Fehler, einer Liebe zu meinem Nächsten und einer Verachtung für die Welt.

Lass mich immer daran denken, meinen Vorgesetzten unterwürfig zu sein, geduldig mit meinen Untergebenen, treu gegen meine Freunde und wohltätig gegen meine Feinde.

Gib, o Jesus, dass ich an Dein Gebot und Beispiel denke, indem ich meine Feinde liebe, Verletzungen ertrage, denen Gutes tue, die mich verfolgen, und für diejenigen bete, die mich verleumden.

Hilf mir, die Sinnlichkeit durch Abtötung, die Habsucht durch Almosentaten, den Zorn durch Sanftmut und die Lauheit durch Hingabe zu überwinden.

O mein Gott, mach mich klug in meinen Unternehmungen, mutig in Gefahren, geduldig in Bedrängnissen und demütig im Wohlergehen.

Gestehe, dass ich stets aufmerksam in meinen Gebeten bin, maßvoll in den Mahlzeiten, fleißig in Beschäftigungen und beständig in guten Entschlüssen.

Möge mein Gewissen immer aufrecht und rein sein, mein Äußeres bescheiden, meine Unterhaltung erbaulich und mein Leben nach den Regeln.

Hilf mir, dass ich beständig daran arbeite, die Natur zu überwinden, deiner Gnade zu entsprechen, deine Gebote zu halten und mein Heil zu bewirken.

Hilf mir, die Heiligkeit des Lebens zu erlangen durch ein aufrichtiges Bekenntnis meiner Sünden, durch eine fromme Aufnahme des Leibes Christi, durch eine beständige Erinnerung des Geistes und durch eine reine Herzensabsicht.

Offenbare mir, o mein Gott, das Nichts dieser Welt, die Größe des Himmels, die Kürze der Zeit und die Länge der Ewigkeit.

Gib, dass ich mich auf den Tod vorbereiten kann, dass ich deine Gerichte fürchte, dass ich der Hölle entrinnen und am Ende den Himmel erlangen kann durch die Verdienste unseres Herrn Jesus Christus.

# Ein Gebet der Kirche

## Unter schweren Verfolgungen

Du hast die Quellen und die Bäche zerbrochen; du hast die Flüsse des Ethan ausgetrocknet.

Dein ist der Tag, und dein ist die Nacht; Du hast das Morgenlicht und die Sonne gemacht.

Du hast alle Grenzen der Erde gemacht; Der Sommer und der Frühling wurden von dir geformt.

Denkt daran: Der Feind hat den Herrn geschmäht; und ein törichtes Volk hat deinen Namen gereizt.

Übergib die Seelen, die sich zu dir bekennen, nicht den Bestien, und vergiss die Seelen deiner Armen nicht bis zum Ende.

Beachte deinen Bund, denn die Finsternis der Erde sind mit Wohnungen der Ungerechtigkeit angefüllt worden.

Die Demütigen sollen nicht mit Verwirrung abgewiesen werden; Die Armen und Bedürftigen sollen deinen Namen preisen.

Steh auf, o Gott, richte deine eigene Sache, und gedenke deiner Vorwürfe, mit denen dir der törichte Mensch den ganzen Tag Vorwürfe gemacht hat.

Vergiß nicht die Stimmen deiner Feinde – der Stolz derer, die dich hassen, steigt beständig empor. (Psalm 73 [74],15-23)

## Gebet des hl. Ignatius

Nimm, o Herr, und empfange meine ganze Freiheit, mein Gedächtnis, meinen Verstand und meinen ganzen Willen. Alles, was ich bin, alles, was ich habe, hast du mir gegeben, und ich werde es dir wieder zurückgeben, damit es nach deinem Wohlgefallen verfüge. Gib mir nur deine Liebe und deine Gnade; mit dir bin ich reich genug, noch verlange ich etwas anderes. Amen.

# Das Gebet um den Goldenen Pfeil

Möge der heiligste, heiligste, anbetungswürdigste, unbegreiflichste und unaussprechlichste Name Gottes im Himmel, auf Erden und unter der Erde von allen Geschöpfen Gottes und vom Heiligsten Herzen unseres Herrn Jesus Christus im Allerheiligsten Sakrament des Altars stets gepriesen, gesegnet, geliebt, angebetet und verherrlicht werden. Amen.

# BESTÄTIGUNGEN

An die Mitglieder der Erzbischof-Fulton-John-Sheen-Stiftung in Peoria, Illinois. Insbesondere an den Bischof von Peoria, Daniel R. Jenky, C.S.C., für Ihre Führung und Treue zum Prozess der Heiligsprechung von Sheen und der Erstellung dieses Buches.

http://www.archbishopsheencause.org

An Phillip Lee von der katholischen Diözese Peoria für die Erlaubnis, das Bild der Heiligen Hostie in der Monstranz zu verwenden, die auf dem Hauptaltar der Kathedrale St. Mary of the Immaculate Conception in Peoria, Illinois, aufgestellt wurde.

(http://www.cdop.org)

Den Mitarbeitern von Sophia Institute Press für ihre unschätzbare Hilfe bei der Weitergabe der Schriften von Erzbischof Fulton J. Sheen an eine neue Generation von Lesern.

http://www.sophiainstitute.com

An die guten Leute von 'Bishop Sheen Today'. Wir schätzen Ihre Führung, Unterstützung und Gebete, die uns helfen, die Weisheit von Erzbischof Fulton J. Sheen zu teilen. Ihre apostolische Arbeit, seine Audio- und Videopräsentationen zusammen mit seinen vielen Schriften einem weltweiten Publikum zugänglich zu machen, wird sehr geschätzt.

http://www.bishopsheentoday.com

An die Freiwilligen der Erzbischof Fulton J. Sheen Mission Society of Canada: Ihr Motto "Wenn keine Seelen gerettet werden, ist nichts gerettet" spricht für die Realität, dass Jesus Christus in die Welt gekommen ist, um allen Seelen das Heil zugänglich zu machen.

www.archbishopfultonjsheenmissionsocietyofcanada.org

Und schließlich an Erzbischof Fulton J. Sheen, dessen Lehren über das Leiden unseres Herrn und seine sieben letzten Worte mich immer wieder dazu inspirieren, Gott mehr zu lieben und das Geschenk der Kirche zu schätzen. Mögen wir so gesegnet sein, dass wir Erzbischof Sheens Liebe zu den Heiligen, den Sakramenten, der Eucharistie und der Heiligen Jungfrau Maria nachahmen. Möge der liebe Gott ihm einen sehr hohen Platz im Himmel gewähren!

# ÜBER DEN AUTOR

Fulton J. Sheen (1895–1979)

Erzbischof Sheen, bekannt für seine populäre Fernsehsendung "Life is Worth Living", gilt heute als eine der bekanntesten Persönlichkeiten des Katholizismus des 20. Jahrhunderts.

Fulton John Sheen, geboren am 8. Mai 1895 in El Paso, Illinois, wurde im römisch-katholischen Glauben erzogen und erzogen. Ursprünglich hieß er Peter John Sheen und wurde schon als kleiner Junge unter dem Mädchennamen seiner Mutter, Fulton, bekannt. Am 20. September 1919 wurde er in der St. Mary's Cathedral in Peoria, Illinois, zum Priester der Diözese Peoria geweiht.

Nach seiner Priesterweihe studierte Sheen an der Katholischen Universität Löwen, wo er 1923 in Philosophie promovierte. Im selben Jahr erhielt er den Kardinal-Mercier-Preis für Internationale Philosophie und war damit der erste Amerikaner überhaupt, dem diese Auszeichnung zuteil wurde.

Nach seiner Rückkehr nach Amerika, nach vielfältigen und umfangreichen Arbeiten in ganz Europa, predigte und lehrte Sheen von 1927 bis 1950 an der Catholic University of America in Washington D.C. weiterhin Theologie und Philosophie.

Ab 1930 moderierte Sheen eine wöchentliche Sonntagabend-Radiosendung mit dem Titel "The Catholic Hour". Diese Sendung zog viele treue Zuhörer an und zog Berichten zufolge über zwanzig Jahre lang jede Woche ein Publikum von vier Millionen Menschen an.

1950 wurde er Nationaldirektor der Society for the Propagation of the Faith und sammelte Spenden zur Unterstützung von Missionaren. In den sechzehn Jahren, in denen er dieses Amt innehatte, wurden Millionen von Dollar gesammelt, um die Missionstätigkeit der Kirche zu unterstützen. Diese Bemühungen haben Dutzende von Millionen Menschen auf der ganzen Welt beeinflusst und sie Christus und seine Kirche näher gebracht. Darüber hinaus führten seine Predigten und sein persönliches Beispiel dazu, dass sich viele zum Katholizismus bekehrten.

1951 wurde Sheen zum Weihbischof der Erzdiözese New York ernannt. Im selben Jahr begann er, seine Fernsehsendung "Life is Worth Living" zu moderieren, die sechs Jahre lang lief.

Im Laufe seiner Laufzeit konkurrierte diese Sendung mit beliebten Fernsehprogrammen, die von Künstlern wie Frank Sinatra und Milton Berle moderiert wurden. Sheens Programm behauptete sich, und 1953, nur zwei Jahre nach dem Debüt, gewann er einen Emmy Award als "Most Outstanding Television Personality". Fulton Sheen lobte die Verfasser des Evangeliums - Matthäus, Markus, Lukas und Johannes - für ihren wertvollen Beitrag zu seinem Erfolg. Sheens Fernsehshow lief bis 1957 und hatte wöchentlich bis zu dreißig Millionen Zuschauer.

Im Herbst 1966 wurde Sheen zum Bischof von Rochester, New York, ernannt. Während dieser Zeit moderierte Bischof Sheen eine weitere Fernsehserie, "The Fulton Sheen Program", die von 1961 bis 1968 lief und sich eng an das Format seiner Serie "Life is Worth Living" anlehnte.

Nach fast drei Jahren als Bischof von Rochester trat Fulton Sheen zurück und wurde bald darauf von Papst Paul VI. zum Titularerzbischof des Stuhls von Newport in Wales ernannt. Diese neue Ernennung gab Sheen die Flexibilität, weiterhin zu predigen.

Ein weiterer Ruhm waren die jährlichen Karfreitagspredigten von Bischof Sheen, die er achtundfünfzig Jahre lang in der St. Patrick's Cathedral in New York City und anderswo hielt. Sheen leitete auch zahlreiche Exerzitien für Priester und Ordensleute und predigte auf Konferenzen auf der ganzen Welt.

Als er vom heiligen Papst Pius XII. gefragt wurde, wie viele Bekehrungen er gemacht habe, antwortete Sheen: "Eure Heiligkeit, ich habe sie nie gezählt. Ich habe immer Angst, wenn ich sie zähle, könnte ich denken, ich hätte sie gemacht statt des Herrn."

Sheen war dafür bekannt, zugänglich und bodenständig zu sein. Er pflegte zu sagen: "Wenn du willst, dass die Leute so bleiben, wie sie sind, dann sag ihnen, was sie hören wollen. Wenn Sie sie verbessern wollen, sagen Sie ihnen, was sie wissen sollten." Das tat er nicht nur in seiner Predigt, sondern auch in seinen zahlreichen Büchern und Artikeln. Sein Buch mit dem Titel "Peace of Soul" stand auf Platz sechs der Bestsellerliste der New York Times.

Drei von Sheens großen Lieben waren: die Mission und die Verbreitung des Glaubens; die heilige Mutter Gottes und die Eucharistie.

Er hielt täglich eine heilige Gebetsstunde vor dem Allerheiligsten Sakrament. Von Jesus selbst schöpfte er Kraft und Inspiration, um das Evangelium zu verkünden, und in dessen Gegenwart er seine Predigten vorbereitete. "Ich flehe [Christus] jeden Tag an, mich körperlich stark und geistig wach zu halten, damit ich sein Evangelium predigen und sein Kreuz und seine Auferstehung verkünden kann", sagte er. "Ich bin so glücklich dabei, dass ich manchmal das Gefühl habe, wenn ich zum lieben Gott im Himmel komme, werde ich mich ein paar Tage ausruhen und ihn dann bitten, mir zu erlauben, wieder auf diese Erde zurückzukehren, um noch etwas zu arbeiten."

Seine Beiträge zur katholischen Kirche sind zahlreich und vielfältig und reichen von der Erziehung in Klassenzimmern, Kirchen und zu Hause über das Predigen in einer landesweit verbreiteten Radiosendung und zwei Fernsehprogrammen bis hin zum Verfassen von über sechzig schriftlichen Werken. Erzbischof Fulton J. Sheen hatte die Gabe, das Wort Gottes auf die reinste und einfachste Weise zu vermitteln. Sein starker Hintergrund in der Philosophie half ihm, mit jedem auf eine sehr persönliche Art und Weise in Beziehung zu treten. Seine zeitlosen Botschaften sind auch heute noch von großer Relevanz. Sein Ziel war es, jeden zu einem gottzentrierten

Leben mit der Freude und Liebe zu inspirieren, die Gott beabsichtigt hatte.

Am 2. Oktober 1979 erhielt Erzbischof Sheen seine größte Auszeichnung, als Papst Johannes Paul II. ihn in der St. Patrick's Cathedral in New York City umarmte. Der Heilige Vater sagte zu ihm: "Du hast gut über den Herrn Jesus geschrieben und gesprochen. Du bist ein treuer Sohn der Kirche."

Der liebe Gott rief Fulton Sheen am 9. Dezember 1979 nach Hause. Seine Fernsehsendungen, die jetzt über verschiedene Medien verfügbar sind, und seine Bücher erweitern sein irdisches Werk, Seelen für Christus zu gewinnen. Sheens Heiligsprechungsprozess wurde 2002 eröffnet. Im Jahr 2012 erklärte Papst Benedikt XVI. ihn für "Ehrwürdig", und im Juli 2019 genehmigte Papst Franziskus formell das Wunder, das notwendig war, damit Sheens Selig- und Heiligsprechungsprozess voranschreiten konnte. Der Zeitpunkt und das Datum, an dem die Kirche Erzbischof Fulton J. Sheen heiliggesprochen hat, liegt in Gottes Händen.

# Gebet für die Heiligsprechung von Erzbischof Fulton J. Sheen

Himmlischer Vater, Quelle aller Heiligkeit, erziehst Du in der Kirche zu allen Zeiten Männer und Frauen, die mit heroischer Liebe und Hingabe dienen.

Sie haben Ihre Kirche durch das Leben und den Dienst Ihres treuen Dieners, Erzbischof Fulton J. Sheen, gesegnet.

Er hat gut über Deinen göttlichen Sohn Jesus Christus geschrieben und gesprochen und war ein wahres Werkzeug des Heiligen Geistes, indem er die Herzen unzähliger Menschen berührte.

Wenn es Deinem Willen entspricht, bitten wir Dich, zur Ehre und zum Ruhm der Heiligsten Dreifaltigkeit und zum Heil der Seelen, die Kirche dazu zu bewegen, ihn heilig zu sprechen. Wir bitten um dieses Gebet durch Jesus Christus, unseren Herrn. Amen.

Imprimatur: +Reverend Daniel R. Jenky, C.S.C., Bischof von Peoria

# Hochwertige Bücher erhältlich über

# Bishop Sheen Today Verlag

Sieg über das Laster

Die sieben Tugenden

Der Priester ist nicht sein eigener

## BESUCHEN SIE UNS AUF

## BISCHOF SHEEN HEUTE

http://www.bishopsheentoday.com

# GOTT LIEBE DICH

www.ingramcontent.com/pod-product-compliance
Lightning Source LLC
Chambersburg PA
CBHW060751050426
42449CB00008B/1368